Christa Meves

Wohin?

Auf der Suche nach Zukunft

Gerhard Hess Verlag

Inhaltsverzeichnis

Wie konnte es so weit kommen?

Späte Stunde

Kein Zweifel, wir sind von dunklen Wetterwolken umgeben, auf welchem Gebiet auch immer. Ist es zur Erhellung womöglich zu spät? Aus einem einfachen Grund glaube ich das nicht. Ich erlaube mir diesen Optimismus als Christ; denn diesem ist im großen Offenbarungsbuch mitgeteilt worden, dass die Wahrheit siegt. Doch gerade deshalb dürfen wir die Hände nicht in den Schoß legen. Zunächst brauchen wir eine nüchterne Zustandsbeschreibung, die zwar die Gefahren so einschätzt, wie sie sind – nämlich bedrohlich –, die aber auch darlegt, wo und wie sich bereits Hoffnungsschimmer abzeichnen.

Ich habe es mir in diesem Buch zur Aufgabe gemacht, durch die Zusammenfassung meiner biologisch-theistischen Anthropologie – im Kontext mit einigen in den letzten Jahren gehaltenen Vorträgen – die Gefahr und ihre Ursachen bewusst zu machen, um ihr in später Stunde zu begegnen.

Ein kurzer Rückblick zunächst aus persönlichem Erleben: Das gesellschaftliche Drama der letzten Jahrzehnte, das mich vor 43 Jahren in die Öffentlichkeitsarbeit trieb, begann mit einer Revolte, die nicht etwa nur eine geistige Klimaveränderung in unserem Land beschwor, sondern sie auch bewirkte.
Das war gewollt und wurde auch erfolgreich vollzogen.

Als ich das erste Grollen dieses aufsteigenden Wetters in den 60er-Jahren in unserem abgeschiedenen Häusle in der Lüneburger Heide vernahm – zunächst in Form von aufmüpfigen

Zeitungsaufsätzen – waren mein Mann und ich sehr verwundert. In diesen aufsässigen Artikeln war auf einmal „Vom Muff der tausend Jahre unter den Talaren“, von kapitalistischen Wohlstandverstrickungen, von miesem Bürgertum und erstarrtem Liebesleben zu lesen.

Wir fanden das sehr merkwürdig; denn wir gehörten beide zu den Überlebenden des Zweiten Weltkrieges. Wir waren daraus hervorgegangen, jeder lediglich bekleidet mit dem Soldatenmantel, der vom Dienst in den mörderischen, obligatorischen Einsätzen dieses Dämons übrig geblieben war. Wir hatten es in diesen kargen zwanzig Nachkriegsjahren mit viel Fleiß und in gewiss erzwungener Bescheidenheit gerade wieder zu einem schmalen bürgerlichen Status – mit Badezimmer und Waschbecken – gebracht. Nun hieß es plötzlich, das sei nichts als böse Ausbeutung und müsse – samt dem falschen Geist auf den Universitäten – weggeräumt, müsse beseitigt werden?

Zu beseitigen sei vor allem der angeblich verkommene Geist auf den Universitäten! Wir erschraken tief! Die Universität hatte ich – mein Mann schon etwas früher – kurz vor 1950 hinter mich gebracht, und ich gedenke noch heute mit Freude und Verehrung der Professoren, zu deren Füßen ich in den Räumen – oft noch ohne Fensterscheiben – in Kiel und Hamburg hatte sitzen dürfen. In was für eine sehr ernste, aber menschenfreundliche, leistungsgerechte Atmosphäre war ich da involviert gewesen!

Was um Himmels Willen war dies nun? Was ging da vor sich? Wollte uns wieder wer „an den Kragen“? Davon hatten wir genug! Dann traf uns ein Signal, das aber die Unruhe eher noch verstärkte: Ich wurde – da ich mich bereits ein wenig engagiert hatte – in eine evangelische Akademie nach Berlin eingeladen, um neben einem Pädagogen über die Zukunft der Menschheit einen Vortrag zu halten. Dieser Herr breitete vor unseren Augen sein neomarxistisches Zukunftskonzept für die Bundesrepublik aus – zwar ziemlich verschleiert, aber doch unüberhörbar und unbekümmert atheistisch, indem er seinen Vortrag mit den Worten beendete: „Wir müssen lernen und umsetzen: Der Mensch ist absolut machbar! Gehen wir also an die Arbeit!"

Es war den fortschrittlichen Herrschaften, die mich gerufen hatten, eigentlich ein bisschen peinlich, dass der Schluss meines Vortrags hieß: „Wir können daraus ablesen (aus den zuvor gebrachten Beispielen): Der Mensch ist nicht von uns Menschen allein machbar. Er ist ein Geschöpf Gottes und hat sich in SEINE Schöpfungsordnung einzufügen, wenn er Hoffnung auf Zukunft haben will."

In den folgenden Monaten und Jahren brandete die Revolte hoch, von der ich dort in Berlin einen Vorgeschmack bekommen hatte, und nun begegnete ich, besonders im Fernsehen, meinem Kontrahenten von damals immer wieder. Plötzlich wurde er eine ganz große Nummer, hieß Helmut Kentler und hatte sich im großen, kühnen Kampf vor allem auf die „Befreiung zur Sexualität" eingeschossen. Er präsentierte auch gleich ein neu geschriebenes Buch, „Sexualerziehung" hieß es, das überall in den Medien rezensiert wurde, und plötzlich saß der Pädagoge sogar auf dem sozialpädagogischen Lehrstuhl an der Universität Hannover! Immerhin hatte er inzwischen eine Doktorarbeit verfasst – sie ist noch heute für jeden erwerbbar – eine Theorie ideologischer Kindersexualität, die zu meiner Zeit als Referat in jedem Proseminar durchgefallen wäre. Sie enthielt im Endeffekt – nur ein wenig verschleiert umwoben – eine Einladung zur Pädophilie.

Mit rechten Dingen konnte das nicht zugehen! Was war hier wirklich los?

Ich machte mich über Kentlers „Sexualerziehung" her. Darin konnte man nun ganz unverblümt lesen, was mit diesem neuen Geschrei um die Sexualität gemeint war. Sie sollte ganz bewusst als ein strategisches Instrument zur Erreichung des politischen Umbruchs eingesetzt werden! Und das flutschte ab 69 nun ja nur so. Die armen Bürger der gerade erstellten Sozialdemokratie waren begeistert, dass sie nun auf diese Weise zu einer neuen Freiheit befreit werden sollten. Was für ein neues „Glück" nach all der Schmach, von der die Überlebenden des Tausendjährigen Reiches immer noch niedergedrückt waren.

Ich nahm mir die neuen Sexparolen vor. Sie hießen: Sex von der Wiege bis zur Bahre, Auflösung des Inzesttabus, was nicht weniger bedeutet als: „fröhlicher" sexueller Kontakt zwischen Erwachsenen mit Kindern, und darüber hinaus reichliche Inanspruchnahme aller „Spielarten" und aller Weisen von Sexualität, auch „polymorph-perverser" Art. Ich nahm mir die von dem Protagonisten ausführlich beschriebenen Programmpunkte vor – was die Kinder betraf – und entkräftete sie mithilfe seriöser Entwicklungspsychologie, die in unserer Pädagogik damals einen hohen Kenntnisstand besaß. Schließlich sind Kinder in den Jahren ihrer Entfaltung sehr sensible Wesen, verletzliche Geschöpfe, die man durch einen falschen Umgang mit ihnen verderben und dadurch ihren späteren Lebensweg auf das Schrecklichste beschweren kann. „Manipulierte Maßlosigkeit“ hieß das Taschenbuch, das daraufhin bei Herder herauskam, in dem ich auf die Gefahren in den Programmen der Neuen Linken für das Gedeihen der Kinder und damit für die Gesellschaft hinwies.

Zu meinem Erstaunen hatte dieses kleine Taschenbuch einen Riesenerfolg. Vor Einladungen zu Vorträgen und TV-Sendungen konnte ich mich in den nächsten Jahren kaum retten – aber zu welchem Preis! Unter Polizeischutz waren Kämpfe zu bestehen! Langmähnige Knaben und barbusige Mädchen stürmten im Kongresszentrum in Berlin das Podium mit dem Ruf: „Die will uns unsere Sexualität nehmen“ und entblätterten sich dort in großer Pose! Wir haben aber die Polizei zurückgehalten und stattdessen mit einem Posaunenchor über 20 Minuten lang und dem Riesenchor der übrigen Zuhörer- es waren mehr als Tausend – alle fünf Strophen „Großer Gott, wir loben Dich“ als Perpetuum mobile gesungen. Es blieb den Chaoten gar nichts anderes übrig als sich davonzustehlen. Unter stehendem Applaus der tief bewegten Zuhörer hat die Veranstaltung beginnen und ihren geplanten Verlauf nehmen können.

Ohne Übertreibung kann man sagen, dass wir damals in den Jahren nach der 1968er-Revolution bei unseren Vorträgen – in meist kirchlichen Institutionen – massiven Störungen standzuhalten hatten. Wir, das waren der Max-Planck-Zoologe Prof. Joachim Illies und ich – in fast immer brechend vollen Sälen. Unsere Hauptthemen waren: „Schöpfung, Scham und Menschenwürde“, „Sexualerziehung heute“ und „die Frau zwischen Familie und Beruf“. Doch oft mussten sowohl Joachim Illies als auch ich unsere „Kämpfe“ alleine durchstehen, jeder an einem anderen Ort, doch stets begleitet von den uns anspornenden Ehepartnern im Hintergrund. Uns vereinte das

Bewusstsein einer unbarmherzigen Gefahr für die Zukunft unserer Kinder, ja der ganzen abendländisch christlichen Kultur unseres Landes.

Prof. Illies, dem der Sturm viel häufiger als mir übermächtig ins Gesicht blies – er war auf seinem Lehrstuhl in Gießen oft handgreiflich dem Mob ausgesetzt – brach zusammen. Auf dem heißen Pflaster Frankfurts starb er im Juni 1982 nach einer Veranstaltung 58-jährig in den Armen seiner Frau an einem Herzinfarkt. Er blieb nicht das einzige Opfer der Revolte: Prof. Hans Wenke, der damalige Lehrstuhlinhaber für Psychologie der Universität Hamburg, bei dem ich viel gelernt hatte, starb im Hörsaaltumult ebenfalls an einem Infarkt.

Jetzt war ich bei der einsamen Aufklärungsarbeit in der Exekutive allein– aber nicht in der Legislative. Mein Mann las und korrigierte daheim die Manuskripte und als die Medienmafia von SPIEGEL und ZEIT über mich herfiel, sagte er tröstend: "Komm, lass sie nur schreien. Wenn sie Dich weiter angreifen, machen wir das grüne Tor zu, und ich beschütze Dich!"

Aber was ist das Zirpen einer Grille beim Anbranden eines Tsunamis? Denn wie im Handstreich waren praktisch alle elektronischen Medien und auch die maßgeblichen Printmedien von dem neuen Geist besetzt.

Man möge nicht meinen, ich übertreibe. Ich will die Programmpunkte, die lediglich mein Feld, das der Kinderpsychotherapie, betreffen, zusammenfassen, damit Klarheit entsteht; denn sie sind bis heute mit Erfolg durchgesetzt worden, nur mittlerweile (seit dem Fehlschlag der RAF) so verschleiert, so wenig spektakulär, aber so zielstrebig, dass es wirklich mehr als dringlich ist, die dunkle Realität ins Auge zu fassen. Es handelt sich:

1) um die Abschaffung der Familie,
2) um die Auflösung aller Autorität und
3) um die Befreiung zur Sexualität.

Das Erste, vielmehr das Hauptziel der Neuen Linken war und ist heute noch die Abschaffung der Familie. Sie sei ein „Relikt der Bourgeoisie“ und daher ein Hindernis zur Errichtung einer sozialistischen Gesellschaft. Sie erzeuge – oft nur durch unterschiedliche Ausgangslagen – Ungleichheiten in der Ausgestaltung der Persönlichkeit und müsse infolgedessen schleunigst beseitigt werden. Die erfolgreichste Methode dies zu erreichen sei der militante Feminismus, eine Front gegen die „Benachteiligung der Frau“, zu deutsch: die Aufhetzung der Frauen gegen ihre Männer.

Diese Strategie war sehr erfolgreich: Wir zur Selbständigkeit erzogenen Frauen erheben nun einmal – bereits von Simone de Beauvoir munter angeblasen – jede Menge Ansprüche, vor allem psychische, denen die Männer selten gewachsen sind. Schon vorab deshalb nicht, weil wir sie unter den Tisch reden – wir Frauen haben nämlich – Hirnforscher haben das herausgefunden – eine größere Wernickeregion in unserem weiblichen Hirn. Dort soll die Sprechschnelligkeit angesiedelt sein. Doch dies ist nicht das einzige Kriterium, sondern der Haupttrumpf in diesen Diskussionen ist vor allem, dass Frau ihr Brot und ihre Rente jetzt selbst verdienen kann; zweifellos ein berechtigter Erfolg, den bereits meine emanzipierte Mutter vor dem ersten Weltkrieg für uns miterstritten hatte, der aber nun von der neuen Revolte benutzt wurde, um uns zu suggerieren, dass wir nur als erwerbstätige Frauen etwas wert seien. Und in

diese euphorische Vernebelung hinein hatte Pincus nun auch noch die Antibabypille erfunden.
Diese drei Gegebenheiten reichten zur Entwertung der Mutterschaft im gesellschaftlichen Spektrum. Wer von uns Frauen strebt schon einen Lebensentwurf an, der absolut nicht anerkannt ist, der im Schatten dahinwest und aus allen Medienrohren tagaus, tagein mit Häme überworfen wird? Es war eine enorm schlaue Strategie, die alle Chancen bereitstellte, bei dem Programmpunkt „Mutterschaft ade" geradezu ruckartig erfolgreich zu sein! Bis zum Jahr 1972 sank dadurch die Zahl der Kinder pro Frau genau um die Hälfte: von 2,6 im Jahr 1965 auf 1,3 im Jahr 1972, während die Zahl der Scheidungen auf 200.000 stieg mit jeweils 160.000 Scheidungskindern, und zwar kontinuierlich – JEDES JAHR ERNEUT! Bis heute!
Der nächste Schritt dieser Phalanx: Die Auflösung der Grundstruktur Familie mithilfe der sie aufweichenden Gesetze und die Scheinlegalisierung der Abtreibung. Acht Millionen Kinder – so hat Herr Prof. Spieker für Gesamtdeutschland errechnet – hat man hierzulande seit 1975 gar nicht erst zur Welt kommen lassen! Das entspricht der Gesamtpopulation von Österreich!

„Familie ist da, wo Kinder sind", heißt nun die neue Definition von Familie, eine Neufestlegung von Bundeskanzler Schröder, dem Vollender des „Marsches durch die Institutionen". Endgültig eliminiert wurden damit die tragenden Säulen der Familie: Das verheiratete Paar mit leiblichen Kindern. Alles ist nun mittlerweile gleich gut: Alleinerziehend oder Homo-, Patchwork- und offene Ehe, d.h. Ehe zu dritt oder auch mit mehr daran Beteiligten.
Wir können gewiss sein, dass jedem Einzelnen, der in dieser Zeit gelebt hat, einst die Frage gestellt werden wird, wie er die

Demontage der Familie zulassen konnte. Man war doch anwesend, als ein böser Geist den Schöpfer aller Dinge glaubte entthronen zu dürfen und im Zuge dieser Hybris die MUTTER, die Garantin jeglicher Zukunft, zur Unperson erklärte und sie dadurch entwerten ließ – die MUTTER, die unaufgebbare Garantin unermüdlicher LIEBE, eine Person, die darauf angelegt ist, die LIEBE zu verwirklichen, zunächst und sehr unbedingt an den hilflosen Neugeborenen, doch keineswegs nur an ihnen allein, sondern auch als Familienmutter, die ihre gelebte LIEBE ein Leben lang ausgießt über ihren Mann, die heranwachsenden Kinder, über die alten Eltern und schließlich gewissermaßen als Liebesklammer über den ganzen Clan!
Die Mutter, ja die Mütterlichkeit abschaffen zu wollen, ist zunächst einmal geradezu unfassbar DUMM, aber darüber hinaus bringt sich eine Gesellschaft, die das zulässt, vor allem um ihre Daseinsberechtigung als Mensch; denn Gott hat dieses Geschöpf Mensch deshalb mit diesem Gehirn und mit diesem seinem Hauch, der immateriellen Liebe, geschaffen, in der Hoffnung, dass dieses Geschöpf SEIN WESEN, Gottes Wesen, hier auf Erden wenigstens zu verwirklichen versucht, in der bewussten Erkenntnis und freiwilligen Entscheidung: Liebe zu leben, so wie Gott selbst Liebe ist.

Ist es also noch nicht zu spät? Gewiss nur mit der Hoffnung auf einen gnädigen, erzgeduldigen Gott. Doch es finden sich auch bereits immer mehr aufgewachte Menschen, die nicht die falsche Fahne schwenken und hinter den falschen Propheten herlaufen. Auch sind es nicht wenige, die gar nie mitgemacht, ja manche, die sehr bewusst gegengesteuert haben, die sich wie jene Beter verhielten, die Reinhold Schneider 1944 beschworen hat („Allein den Betern kann es noch gelingen, das Schwert ob unsern Häuptern aufzuhalten…“), die eisern trotz aller Anfechtungen als Familie zusammengehalten haben. Ja, es gibt bereits Keime einer echten Erneuerung und damit Hoffnung auf Zukunft.

Laut einer Befragung sind es vor allem die ab 1975 geborenen Kinder – die ältesten sind heute ca. 35 Jahre alt –, die diesen schleimigen Zeitgeist satt haben! Ungefragt wurden sie eine ganze Kindheit lang auf unwegsame, sie alleinlassende, sogenannte antiautoritäre Wege eingeschleust. Nun aber als Erwachsene verweigern sie diese Irrwege. Sie haben genug davon. Wenn man sie fragt, sagt eine beeindruckende Anzahl, dass eine richtige und heile Familie ihr Ideal sei! Sie wollen all den Streit zwischen den Erwachsenen nicht mehr. Nur fürchten sie nun, dass sie dieses angestrebte Ziel nicht erreichen können, deshalb die zögerliche Haltung in dieser Generation.
Das zeigt aber, dass die Familie keineswegs tot ist, trotz der vielen und traurigen Einbrüche. Sie wird wiedererstehen; denn sie ist mehr als lediglich ein bürgerliches Relikt des 19. Jahrhunderts, wie ihr die Linken unterstellen. Sie ist die Urform zu einem kulturbildenden Status in den Gemeinschaftsbildungen des Homo sapiens, sie ist eine Vorgabe Gottes, weil vorrangig durch sie SEINE Hoffnung genährt wird, dass von seinem Geschöpf Mensch, trotz aller Dominanz der „Erde" in ihm, d.h. trotz all seiner 97,3 Prozent Tierhaftigkeit, dennoch die uns von Christus aufgezeigte Liebe zu leben versucht wird. In den weiteren Kapiteln werde ich das von verschiedenen Aspekten her zu belegen versuchen: Vor allem in der Familie ist die Möglichkeit für ein gutes Aufwachsen der Kinder angelegt. Sie ist ein Überlebensprogramm – und deshalb wird sie sich nicht ausrotten lassen.

Der zweite Zielpunkt zur Beseitigung der kulturbildenden Faktoren unserer Gesellschaft war und ist die Diskriminierung aller Autorität, da sie – so wird behauptet – ein abschaffenswertes Instrument von Machtmissbrauch sei. Da jedoch grundsätzlich sowohl die Kirche als auch der Staat durch Autorität gelenkt werden, war der Angriff auf ihre derzeitigen Strukturen, bei den Kirchen sogar deren vollständige Eliminierung, das Ziel der 1968er-Revolte. Aber es ist pure Unvernunft, Autorität nicht als das zu erhalten, was sie sein soll: Der verantwortungsbewusste Einsatz von Menschen mit Erfahrung und Ausbildung für die Belange der Unerfahrenen und Schwachen. Wer Autoritäten köpft, verursacht Chaos und bereitet die machtmissbräuchliche Diktatur der Unmenschlichkeit auf direkte Weise vor; denn Chaos lässt sich prinzipiell nur kurzfristig aushalten.

Das Chaos ist in der Bundesrepublik bisher lediglich partiell ausgebrochen, leider allzu oft in den ihrer Autoritäten beraubten Schulen und den in Kleinmeierei verbiesterten, dazu auch noch föderalistisch sondierten Universitäten. Dabei wurde die Anlage zur Führungsbegabung des Mannes auf eine Weise lahm gelegt, die ihn hinter der Frau zurückbleiben lässt. Längst ist dieser Ungeist dabei, die Männlichkeit der weiblichen Lebensart anzupassen und den Mann als Autorität geradezu abzuhalftern. Sehr deutlich wird das auch im Zurückstutzen von Vaterschaft auf Babypflege, ganz im Sinne der neuen Familienministerin, die die Männer vor allem zu Krippenbetreuern und Kitaerziehern ausbilden will. Als wenn wir uns eine Verschlechterung der Lage durch kollektivierte, unangemessen gepflegte Kleinkinder erlauben könnten; denn das weiß nun einmal die wissenschaftliche Geschlechterpsychologie: In der Kleinkinderpflege liegt keineswegs die Dominanz der Männerbegabung, im statistischen Mittel jedenfalls nicht. Es sind vielmehr die Heranwachsenden, die unbedingt auch männliche Erzieher brauchen, je älter sie werden, umso notwendiger! Die Heranwachsenden brauchen jene, die ihnen Wege weisen und sie anleiten; denn in jedem gesunden Schulkind ist ein Drang, von Wissenden zu lernen, um ebenso wissend zu werden wie die liebevolle vorbildliche Autorität selbst. Der wirklich ausgesprochene Satz eines Kindergartenkindes: „Tante, müssen wir heute wieder den ganzen Tag tun, was wir wollen?", bekräftigt, dass die geschleifte Autorität bereits von den Kleinkindern als lieblose Vernachlässigung erlebt wird, sodass Unruhe, Chaos, Aggressivität zu wuchern beginnen, schon ganz und gar, wenn sie Jugendliche geworden sind. Stattdessen herrscht in diesem Feld ein antiautoritäres Sich-selbst-überlassen-sein vor, samt den ihnen aufgenötigten „Projekten".

Überall im pädagogischen Feld strotzt es nun von „Laisser-faire"-Köchen, so dass der Brei ungenießbar zu werden droht. Dieses Chaos zu erzeugen, gelang den Revoluzzern bereits in direktem Handstreich. Aber die Folgen sind deshalb so fatal, weil Hierarchie nicht eine veraltete Starrheit, sondern eine strukturierende Notwendigkeit für den Homo sapiens ist, jedenfalls wenn er Kultur bilden oder diese wenigstens erhalten will.
Aber auch hier wächst Widerstand, weil die Wahrheit grundsätzlich zum Licht drängt. Die Studenten gehen in gepflegtem Protest auf die Strasse gegen die chaotischen Leistungsbedingungen. In manchen Privatschulen regiert schon wieder ein Rektor mit einer menschlichen Autorität, und erfahrene Lehrer bieten in dieser Hierarchie den Junglehrern ihre Lernhilfen an. Das ist Hoffnung!

Es darf auch nicht vergessen werden, dass die katholische Kirche beim Ansturm des Ungeistes nicht nur standhielt, sondern uns auch mit zwei hervorragenden Päpsten beschenkte. Dadurch wurden eine heimliche Stärkung und eine, wenn auch nur zögerliche Aufmerksamkeit der Bevölkerung – z.B. durch die Weltjugendtage – sowie das Sprießen zahlloser Aktivitäten und neuer Ermutigungen durch christliche Gemeinschaften bewirkt. Auch diese „autoritäre“ Form hierarchischer Liebe ist eine Vorgabe Gottes, weil Gott den Mann Adam nach SEINEM Bilde erschuf. Indem dahinter Gottes Wahrheit steht, ist der derzeitige Angriff dagegen so gezielt und von perfider Hinterhältigkeit. Führungsfähige Männer, wie einst Erzbischof Dyba, heute Kardinal Joachim Meisner und Weihbischof Andreas Laun sowie der Generalsekretär der Evangelischen Allianz Deutschland, Hartmut Steeb, sind – Leuchttürmen gleich – ein Gebot der Stunde. Durch den tapferen Einsatz solcher wegweisenden Persönlichkeiten wächst bei den Durchhaltewilligen die Hoffnung auf das Überleben des Christentums in Europa.

„Befreiung zur Sexualität“ – das war und ist der dritte Pfeiler der Gesellschaftsveränderung. Durch die Entfesselung der Sexualität lassen sich am ehesten Strukturen ins Wanken bringen. Diese Phalanx hat in den letzten Jahrzehnten die umfänglichsten Verheerungen angerichtet. Aber gerade auf diesem Sektor kann es neuerdings immer weniger gelingen, die aufgeplatzten Eiterbeulen unter dem Medientisch verschwinden zu lassen. Es wird immer schwieriger werden, das Aufwachen der Bevölkerung zu verhindern.

Heute könnte jeder, der Augen und Ohren im Kopf hat und guten Willens ist, erkennen, wie negativ sich die Zerstörung der Familie, die Abschaffung aller Autorität und die „Befreiung zur Sexualität" als heimliche Bemächtigungsinstrumente unserer Gesellschaft ausgewirkt haben. Dennoch sind die Akteure des Mainstreams weit davon entfernt einzusehen, dass die Propagierer der enthemmten Sexualität falsche Propheten waren. Die bittere Wahrheit wird durchgängig noch heute geleugnet!

Doch auch hier zeichnet sich konstruktiver Widerstand bereits ab. Unter vernünftigen und verantwortungsbewussten Frauen sind z.B. durchgängig Selbsthilfegruppen entstanden. Vorzüglich bewährt hat sich das sexual-pädagogische Programm für Jugendliche und junge Erwachsene „Teenstar". Ebenso ist eine erhebliche Schar von Frauen hierzulande dabei, NER, die natürliche Empfängnisregelung, unters Volk zu bringen, und unsere ECCM-Kurse bereiten erfahrene Mütter zur Hilfe für junge Familien vor.
Mit großer Hoffnung beschenkten uns auf dem Weltjugendtag zu Köln 2005 junge Frauen, denen man versuchte, Kondome anzubieten. Sie reagierten mit dem wunderschönen Satz: „ No, I am a virgin!" Wo Gefahr ist, wächst eben auch das Rettende, hat uns Hölderlin tröstend hinterlassen.

Da ich auf dem Boden von Fachwissen voraussagen konnte, wie negativ die Auswirkungen sein würden, war es für mich eine unabwendbare Aufgabe, öffentlich zu widerstehen. Zwar wurde und wird die Wahrheit mit den niederträchtigsten Mitteln bekämpft, mit Verleumdungen und publizistischer Ausgrenzung, zwar ist die Macht des Mainstreams immer noch so groß wie ein Goliath, aber – brauchen wir überhaupt Mehrheiten? Unserem Gott ist es immer auf die kleine Schar der Getreuen angekommen, um trotz Sodom und Gomorrha den

Glauben an sein Ebenbild, an sein Geschöpf Mensch nicht zu verlieren. Deshalb werden immer neu Menschen in die Verantwortung gerufen, wie z. B. Gabriele Kuby, Jürgen Liminski, Martin Lohmann, Andreas Späth, Inge Thürkauf und auch Eva Herman sowie viele andere mehr, die sich aussetzen, ohne nach den Folgen zu fragen – späte Stunde gewiss, aber nicht im mindesten hoffnungslos für uns Christen, denen Jesus verheißen hat: Liebt Gott und liebet einander, wie ich euch geliebt habe.

Unsere Situation heute lässt aufwachen; denn mittlerweile verengt sich bereits bedrohlich der Spielraum unserer Politiker. Doch um aus der Katastrophe nachhaltig zu lernen, gilt es nun, die Zusammenhänge zu durchschauen. Es gilt begreifen zu lernen, dass in den vergangenen vierzig Jahren ganze Institutionen mehr oder weniger verdeckt den Einflüsterungen der Verführer zum Opfer gefallen sind. Durch ein Nachplappern von gleißnerischen Vorstellungen – wozu nun auch noch als non plus ultra die Gender-Ideologie hinzugekommen ist – wird die Wahrheit weiterhin bis zum Verschwinden unterdrückt. Denn die Akteure melden sich bereits in den Schulen an und verbreiten hier die ihnen infiltrierten Desinformationen, denen die Lehrer aufsitzen, weil ihnen Fachinformation ebenfalls nicht vermittelt worden ist.

Aber müssen nun erst noch so viele junge Menschen um ihre Gesundheit gebracht werden? Werden diese dann einst noch die Kraft haben zu dem tausendkehligen Ruf: „Wir klagen an!“? Nein, die Wahrheit wird und muss sich – mit Gottes Hilfe – Gehör verschaffen und zum Aufwachen zwingen. Es kommt jetzt nur darauf an, ob wir in später Stunde gegen alles Mediengeschrei den Mut zur Tapferkeit aufbringen. Dann wird die Einsicht in die Wahrheit wieder zu einem hellen, klaren Gebirgsbach werden können, der uns und unsere Kinder mit gesundetem Wasser beschenkt. Zu Recht sagt Papst Benedikt XVI.:

> Wahre Liebe ist Vernunft.
> Und Vernunft ist die wahre Liebe!

Grundproblem Neid,

dargestellt am Geschwisterzank in der Kinderstube wie im Erwachsenenalter

Gefahren sind aber nicht nur durch Außeneinwirkung in den vergangenen Jahrzehnten entstanden. Schwerwiegende Konfliktlagen haben in der Menschheitsgeschichte nicht nur darin ihre Ursachen, sondern auch in psychischen Gegebenheiten die - oft sogar bereits in der Kinderstuben entstanden - ubiquitär in einer Wesenheit des Menschen gründen: im konkurrierenden Neid. Deshalb soll dieses Phänomen in einem besonderen Kapitel behandelt werden.

Eine Mutter hat den Wagen mit ihrem Jüngsten in den Garten geschoben, wo der zwei Jahre ältere Sohn mit seiner Schaufel im Sandkasten spielt. Nach einer Weile schaut sie vom Fenster her zu den Kindern und sieht, wie der Junge gerade eine kräftige Ladung Sand in den Kinderwagen kippt. Sie stürzt hinzu, reißt das Baby heraus, schüttelt den Sand ab, mit dem das kleine Gesicht über und über bedeckt ist. Das Kind schreit, anscheinend ist ihm nichts passiert. Stumm und entsetzt wendet sich die Mutter dem Erstgeborenen zu. Der steht mit gesenktem, wie verfinstertem Gesicht und sagt, indem er seinen Fuß in den Sand stößt: „Der soll wieder weg!"

Zwei Brüder, fünf und sieben Jahre alt, spielen unbewacht an einem Baggersee. Der Jüngere rutscht aus, fällt in das tiefe Wasser und versinkt. Der Ältere läuft davon und versteckt sich über Stunden zwischen den Büschen des Feldrains. „Warum hast du nicht die Arbeiter gerufen, die doch ganz in der Nähe waren?" fragen die Eltern den Jungen verzweifelt, nachdem der kleine Sohn tot geborgen ist. „Immer soll ich auf Michael aufpassen", gibt der verstockt zur Antwort.

In der kinderpsychotherapeutischen Praxis werden Berichte über ähnliche Impulse bei Kleinkindern gar nicht einmal selten erzählt. Sie erinnern geradezu an die Urgeschichte von Kain und Abel. Die Eifersucht der Älteren auf ein nachgeborenes Geschwister, die Furcht vor der „Entthronung" in der Gunst der Eltern, Angst vor Liebesverlust bilden auch bei unseren Kindern heute noch das Motiv für den rigorosen Beseitigungswunsch oder gelegentlich sogar den Ansatz einer Handlung dazu. Selbst in der „fahrlässigen Tötung" jenes Siebenjährigen klingt in seiner Rechtfertigung der urtypische Satz auf: „Soll ich meines Bruders Hüter sein?" Verheerende Auswirkungen im Sinne der seelischen Unstetheit des Kain-Schicksals kann es darüber hinaus haben, wenn Kleinkinder magische Tötungsrituale vollziehen und die weggewünschten Geschwister oder Spielgefährten dann wirklich sterben oder verunglücken.

Ich habe in meiner Praxis bei der analytischen Arbeit mit Jugendlichen mehrere Male erlebt, dass ihre unbewussten Selbstbestrafungstendenzen, ihre Hektik, Nervosität und „Unfallerei" in schweren Schuldgefühlen dieser Art ihre Ursachen hatten; denn es gehört gar nicht einmal selten zu den geheimen „Zauberkünsten" von Kleinkindern, Geschwistern oder Kameraden, die einen höheren Rang in der Gunst der Erwachsenen zu haben scheinen, den Tod an den Hals zu wünschen. Sie überfahren ein Haarbüschel, zerbeißen deren ausgefallenen Zahn mit dem Nussknacker, beseitigen ein Spielzeug des ungeliebten Bruders und hoffen durch solche Pars-pro-toto-Handlungen ganz ernsthaft, dass der Zauber wirkt. Tritt ein solches Ereignis dann wirklich ein – das ist glücklicherweise nur selten der Fall –, so ist das Schuldgefühl wie eine erdrückende Macht und kann eine Fehlentwicklung heraufbeschwören.

Als Erstes wird daraus ersichtlich, wie bedeutsam die Geschichte von Kain und Abel auch für uns heute noch ist. Sie steht dort wie ein warnender Granitblock des Gewissens am Anfang der Bibel; denn sie soll uns von der allgegenwärtigen Gefahr von Grenzüberschreitungen durch den Selbstbehauptungstrieb warnen und vor eifersüchtiger und gefährdender Versuchung dazu erzählen. Schon diese Geschichte kennzeichnet, wie grimmig und gefühlsmächtig uns Neid und Eifersucht packen und in den Abgrund stolpern lassen können.

Deshalb tritt Gott hier sogar selbst an Kain heran, der den Stein bereits in der Hand hält, und ruft ihm zu: KAIN; KAIN!! Denn unser Gott, der uns nach seinem Ebenbild geschafften, und das bedeutet, die Freiheit der Entscheidung auferlegt hat, fürchtet mit Recht, dass sein Kain diese Prüfung nicht besteht, weil dessen Glaubensgehorsam zu schwach und seine Wut darüber, dass er weniger erfolgreich ist als der Bruder, zu stark ist. Deshalb möchte Gott Kain vor dem einsetzenden Kain-Schicksal des nach der Mordtat nicht mehr löschbaren schlechten Gewissens, dem Kainsmal auf der Stirn, bewahren! (1Mose 4,6)
Diese Gegebenheit gilt über alle Zeiten hinweg für die gesamte Menschheit. Deshalb haben wir alle in uns ein warnendes Kontrollsystem – eben das Gewissen. Bei welcher Gelegenheit auch Versuchungen dieser Art an erwachsene Menschen herantreten: Allemal sind wir Brüder und Schwestern – nicht nur als Angehörige einer einzigen Spezies, nicht nur durch unsere Abstammung von leiblichen Eltern allein, sondern auch als

Geschwister der Menschheitsfamilie – durch die Abstammung von Gott Vater!
Deshalb noch ein modernes Beispiel aus der Welt der Erwachsenen:
Der Chef eines Krankenhauses hat eine außergewöhnlich tüchtige Helferin. Er erlebt jahraus, jahrein ihren großen Arbeitseinsatz, ihre Freundlichkeit im Umgang mit Patienten, ihre ausgleichende Weisheit in der Beziehung zum Personal, ihre Verantwortlichkeit, ihr idealistisches Arbeitsethos, das sie bei geringem Lohn Überstunden machen lässt, wenn die Situation es erfordert. Der Chef schätzt die Qualität dieser seiner Angestellten hoch ein. Er zeigt ihr das auch vor den anderen; er lobt sie, fährt sie auch einmal nach Hause, wenn es nach einer nächtlichen Operation sehr spät geworden ist, schenkt ihr bei besonderem Einsatz sogar mal Blumen.

Das erzeugt den Neid einer Schwester, die im gleichen Rang steht, deren Einsatz aber über das Notwendigste nicht hinausgeht. Sie sinnt auf Rache und braut einen Plan zusammen. Sie täuscht durch Fälschungen in den Büchern eine Unterschlagung der Helferin vor, deckt dies alles scheinheilig auf, bringt ihre Kollegin in Verruf, lässt sie die Gunst des Chefs verlieren, zwingt sie durch die Verleumdung vor den Kadi, erwirkt ihre Kündigung. Sie verursacht Rufmord und bringt ihre Arbeitskameradin nicht nur um deren berufliche Existenz, sondern auch um ihre Gesundheit. Die seelisch Zerstörte stirbt kurze Zeit später an einem Herzleiden. Aber auch die Verleumderin wird gefeuert und verschwindet auf Nimmerwiedersehen aus der Stadt.

Wie kommt ein erwachsener Mensch dazu, so böse zu handeln? Geht man dieser Frage analytisch nach, befragt man die

Verleumder nach ihren Motiven (als Gutachter in Jugendgerichtsprozessen hatte ich einige Gelegenheiten dazu), so ergibt sich meist, dass ihnen das Eigentliche, nämlich Neid bzw. Eifersucht als Grundmotive ihres Handelns gar nicht bewusst sind! Sie haben diese Indikatoren schon vor der Tat wie auch das mahnende Gewissen in die Verdrängung geschickt! Hilflos sagte kürzlich ein Jugendlicher, der durch eine falsche Zeugenaussage seinen Kumpel schwer belastet hatte: „Er soll eben weg. Ich will ihn hier in der Stadt nicht mehr sehen."

Die Analyse solch mörderischer Tendenzen aber zeigt in den meisten Fällen, dass hier im Grunde immer noch in der alten Geschwisterrivalität agiert wird, wie ich sie am Anfang geschildert habe. Es lässt sich oft nachweisen, dass viele der Erwachsenen, die hemmungslos brudermörderische Verhaltensweisen zeigen, in ihrer Kindheit im Schatten eines Geschwisters standen, das mehr Anerkennung, mehr Liebe, mehr Zuwendung bekam oder zu bekommen schien als sie selbst – wie das Beispiel von Abel zeigt, dessen Opfer von Gott angenommen, jenes von Kain jedoch verworfen wurde. Der Ausspruch des Königs in Shakespeares Drama „Richard III.": „Gekränkte Liebe ist mein Zorn", kennzeichnet in zutreffender Weise die seelische Situation Kains und all seiner Nachfahren. Aus Eifersucht auf das Geschwister entsteht die mörderische Aggression und verallgemeinert sich im Erwachsenenalter zur Ausprägung einer durch und durch neidischen Charakterstruktur.

Was geht hier also vor? Woher kommen diese Gefahren? Wie lassen sie sich vermeiden? Neue Erkenntnisse der Entwicklungspsychologie können helfen.
Vom zweiten bis vierten Altersjahr konstituiert sich im Stammhirn des Kindes sein lebensnotwendiger Selbstbehauptungs-

trieb. In der Stimmung des Kindes bedeutet dies: „Hoppla, was kostet die Welt! Hier stehe ich, zwar noch ein wenig wackelig, aber immerhin auf meinen zwei Beinen, und jetzt muss ICH versuchen, mich durchzusetzen, damit mein Leben gelingen kann, damit ich genug Freiraum habe, um mich zu entfalten! Es kommt jetzt darauf an, mich zu behaupten, mir Platz zu schaffen, zunächst in der Familie, um das gewissermaßen durch praktisches Üben für mein Leben im Erwachsenenalter parat zu haben. Wer mich darin einschränkt, dem muss widersprochen werden, durch trotziges Geschrei bei Mama, durch Wegschuppsen von denen, die mir sonst noch zu nahe kommen!"

Für die erzieherische Arbeit ist es als Voraussetzung deshalb von allergrößtem Belang, Kenntnis über den Sinn der Kleinkindphase zwischen dem zweiten und vierten Lebensjahr zu haben. Diese Zeit ist die entscheidende Prägungsphase für einen der vier wichtigsten Grundlebenstriebe von uns Menschen. Diese haben je ein Zeitfenster ihrer Konstituierung im Stammhirn. Dadurch können unbewusste Einfärbungen ihres Verhaltens im Erwachsenenalter entstehen. Geschieht hier Negatives, Unangemessenes in den Gefühlen des Kleinkindes, so können sich daraus Unausgeglichenheiten entwickeln, sodass im Erwachsenenalter der Charakter infantile Rückstände aufweist, z. B. einen Vorrang von zersetzender, quälender Eifersucht im Hinblick auf einen nahen Menschen, von unanständiger Machtbesessenheit, oder auch umgekehrt von verschüchterter Gehemmtheit.

Deshalb ist es von allergrößter Wichtigkeit für Eltern, über solche Zusammenhänge Kenntnis zu haben. Es ist ja keineswegs selbstverständlich, dass Kinder sich in gleicher Weise wie ein anderes Geschwister von den Eltern geliebt fühlen. Das haben sie zwar noch nicht im Bewusstsein, aber wenn das nicht der Fall ist, erlebt ihr Selbstbehauptungstrieb das in dieser Phase als Bedrohung und beginnt, darum zu kämpfen – unbewusst natürlich und meist mit unzureichenden Mitteln – nämlich durch Abwehr und Widersetzlichkeit. Kleinkinder sind keineswegs schon großmütige Christen – sie sind vielmehr kleine Wilde.

Geschwisterstreit ist damit also programmiert. Er ist im Status der Ein-bis Vierjährigkeit deshalb auch nicht schon gleich böse! Es geht hier lediglich noch wie bei den Tieren oder wie bei den Pflanzen zu: geradezu urbiologisch! Die moralische Kategorie ist noch gar nicht zutreffend, sie wird das erst einige Jahre später, in einem Entfaltungsstadium, in dem das Kind einen Status erreicht hat, in dem es mithilfe elterlicher Einwirkung gelernt hat, was gut und was böse ist, und das Kontrollorgan Gewissen in dem erst dann ausgebildeten Stirnhirn, dem präfrontalen Kortex, zur Ausreifung gelangt ist.

Daher ist in den ersten Jahren mit dem noch unausgereiften Gehirn, der Impuls, sich durchzusetzen, Alleinherrscher, letztlich Alleingeliebter zu sein, so natürlich wie bei den Jungvögeln im Nest. Dieses Bedürfnis ist noch „vormenschlich".
Dass dieser natürliche Überlebenswille, dieser Uregoismus durch menschliches, liebevolles Verhalten, durch Freundlichkeit zuerst gegenüber den Geschwistern, schließlich allmählich auch gegenüber den Geschwistern der Menschheitsfamilie, überwunden wird, das eben sollte die erzieherische Aufgabe der Eltern sein! Aber sie müssen diese Stufungen der seelischen Entfaltung im Bewusstsein haben, um in der Kleinkinderzeit nicht mit falschen Vorstellungen zu erziehen, etwa der Vorstellung, im Geschwisterstreit zeige sich schon keimhaft das schlechthin

Böse – oder gar: Da käme nun mit Zank und Trotz die ganze Bosheit der Schwiegermutter oder sonst eines Angehörigen der angeheirateten Familie zum Durchbruch. Am Anfang, in der Kleinkindphase, kämpft das Kind – ohne sich dessen auch nur andeutungsweise bewusst zu sein, um den besten Platz an der Sonne. Und die Sonne ist im günstigsten Fall in dieser Phase eben ganz selbstverständlich noch die Mutter, wenn sie das Kind selbst gepflegt und es sich an sie gebunden hat.

Wenn die Eltern diese Gegebenheiten durchschauen, können sie sehr viel realistischer und gelassener mit den Streitereien zwischen den Geschwistern im Kleinkindalter umgehen. Das Wissen darüber, dass ihr Kleinkind in ganz normaler Weise noch ein kleiner Egoist ist und dies auch noch eine kleine Weile sein muss, damit sich eine gesunde Selbstverteidigungsmöglichkeit einübt, lässt Eltern viel souveräner mit den Streitereien jedenfalls der Kleinkinder umgehen. Man greift am besten nicht sofort ein, sondern erst, wenn die Sache zur Grenzüberschreitung des Stärkeren wird und in brutale Gewalt auszuarten beginnt. Bleibt es allein beim Rangeln, darf sogar einiges übersehen werden. Wichtig ist es hingegen, die subjektive Situation des einzelnen Kindes durch Beobachtung zu ertasten, um daraus Schlüsse für das elterliche Verhalten in der Einstellung zum Kind zu gewinnen!

Das Bedürfnis des Kindes, in der Gunst der Eltern den höchsten Rang einzunehmen, ist so elementar wie das seiner vitalen Triebe nach Nahrung und Besitz. Die Rasanz dieses Wunsches bereits im Kleinkindalter lässt deutlich werden, wie sehr das Streben nach dem höchsten Rang dem Menschen eingeboren ist. In der Folge dieses Strebens tritt das ganze Gewimmel negativer Handlungsweisen auf, das Fortdrängeln, Fortstoßen,

Wegbeißen, Beseitigen, Abschießen aus Ehrgeiz, aus Alleinanspruch, letztlich aus Neid.
Während diese Kämpfe aber bei den Tieren nach mehr oder weniger blutigen Ritualen abgebrochen werden, nimmt sich der Mensch die Freiheit heraus, den Rivalen unter Umständen zu töten. Die fatale Neigung, den Erfolgreicheren zu beseitigen, oft nicht einmal aufgrund der größeren Kraft, sondern mit Hinterlist und Tücke – nicht nur physisch, sondern auch psychisch durch Kränken, durch Bloßstellen und unfassliche Verletzungen der Menschenwürde wird damit zur elementaren Gefahr des Menschen, nicht nur des Opfers, sondern auch des Täters; denn er begibt sich damit in den Bereich des Bösen.
Wie kann es dazu kommen?
Um dies zu erfahren, ist der Blick in die Kindheit weiterhin von Belang.
Hier werden die Elemente des Strebens, das „beste Kind" zu sein, auf einer primitiven Ebene noch ganz unverstellt sichtbar. Die Eltern stehen bei ihren Kindern noch gleichnishaft an der Stelle Gottes. Mamas und Papas bestes Kind zu sein, ist ihnen elementar wichtig. Es ist deshalb eine wichtige erzieherische Aufgabe der Eltern, dem Kainschicksal als elementare Gefahr entgegen zu wirken. Der kleine Kain oder die kleine Kainina müssen während ihrer langen Kindheit allmählich durch Erziehung, durch Unterstützung des Gewissens, lernen, dem Bruder nicht ans Leder zu wollen, und das heißt als Erwachsener dem Neid Paroli zu bieten, statt ihm „unfromm" zu verfallen.
Jungen Eltern ist es leichter möglich, der Rivalität, die Böses im Schilde führt, zu begegnen, wenn sie versuchen, allen ihren Kindern gegenüber gerecht zu sein und jedem zwischendurch auch einmal bei entsprechender Gelegenheit ein Lob zukommen lassen, besonders, wenn sie etwas vollbracht haben, das

Anstrengung und Überwindung gekostet hat. Es gehört aber auch zur erzieherischen Aufgabe, die Kinder darin zu üben, gelegentlich eine Ungleichheit oder auch eine scheinbare Ungerechtigkeit hinzunehmen, Enttäuschungen zu ertragen, statt sofort nach Gleichbehandlung zu schreien oder gar Rachefeldzüge zu starten.

Es gibt charakteristische Konstellationen bei den Geschwisterkämpfen im Kleinkindalter. Sie erhalten oft durch die Altersabfolge eine spezifische typische Färbung! So ist die Eifersucht des Ältesten auf das Zweitgeborene meist sehr groß und erschreckt die Eltern deshalb besonders tief; denn oft haben sie gerade das zweite Kind in die Welt gesetzt, um dem ältesten einen Spielkameraden beizugeben. Aber die anfängliche Begeisterung scheint spätestens wie ausgelöscht, wenn sich das nachgeborene Geschwister auf die Beine stellt und selbst beginnt, an seine Platzeroberung zu gehen. Das tut es zwar tapsig, es hat noch kein Verständnis für die schon konstruktiven Spiele des Älteren. Es stört also und beginnt – unbeabsichtigt natürlich – die Kreise des Erstlings zu beeinträchtigen. Aber nicht nur das löst negative Gefühle im Älteren aus: Das jüngere Geschwister wird auf den Armen getragen von Vater und Oma, es sitzt immer öfter auf Mamas Schoß. Dem muss doch begegnet werden! Schließlich ist der Ältere bereits größer, hat mehr Kraft, es kann doch mit diesem dummen Schwächling einiges anstellen. Wenn die Eltern die Dinge mit den Augen des entthronten Kindes zu sehen beginnen, bekommen sie sehr viel mehr Verständnis für die nun radikalen Bestrebungen des bisher alleinigen Platzhalters. Sie sehen die Aktionen des kleinen Streitmachers dann als Aktionen der Abwehr, als eines rohen elementaren Bedürfnisses der Befreiung von diesem „Eindringling“.

Natürlich kann Verstehen nun nicht heißen, brutale Vorgehensweisen wie beißen, hauen und wegreißen gänzlich laufen zu lassen. Aber die Eltern bekommen eher die Möglichkeit, die Aggressivität zwischen Zwei- bis Vierjährigen ein wenig gelassener anzugehen, und nicht sofort und gar mit groben Mitteln zu bekämpfen. Erfolgreicher ist es sicher, wenn das ältere Kind z. B. dafür gelobt wird, wenn es sich verständiger gezeigt hat als das Jüngere, etwa wenn es dem Nachgeborenen auch einmal ein Spielzeug gegönnt hat.

Das Ältere braucht gewissermaßen einen Ausgleich dafür, dass ihm das Jüngere ein mächtiges Stück Platz an Zuwendung bereits ein ganzes Jahr geraubt hat, ehe es nun in die aktive Konkurrenz geht. Die Älteren dürfen in der Zuwendung nicht zugunsten des Babys vollständig abgeschrieben sein. Sie sollten, wenn das Kleine schläft, die nötigen Streicheleinheiten bekommen, am wirksamsten von Mutter selbst, vom Vater oder der Großmutter. Man muss wissen, dass ältere Geschwister nicht selten die heimliche Angst anschleicht, gänzlich ausgespielt zu haben und verlassen im Regen zu stehen. Das kann ein Kleinkind, besonders als ältestes Kind, ganz und gar nicht aushalten, Durchschauendes Wissen über diese Angst kann Eskalationen im Gefühlsleben betroffener Kinder durch elterlicher Geschicklichkeit so verhindern, dass brutale Verteidigungsaktionen sogar ganz ausbleiben!

Andererseits sollten sich die Eltern – besonders bei Kindern vom Schulalter ab – nicht scheuen, direkt einzugreifen, wenn der Streit zwischen den Geschwistern zu heftig wird. Wichtig ist es dann, die Kinder mit einem ärgerlichen Wort zu trennen, je nach Alter, den Kleinen z. B in die Abseite, den Älteren ins Klo. Kommt man als Erwachsener zu spät, um den Sachverhalt zu durchschauen, sollte man es aber vermeiden, sofort Partei zu ergreifen. Mütter neigen dazu, sich automatisch auf die Seite des Jüngeren zu stellen und den Älteren zu beschimpfen. Es kann die Geschwistereifersucht sehr verschlimmern, wenn das Ältere sich ungerecht behandelt fühlt. Dann pflegt sich der natürliche Racheimpuls des Älteren gegen das Jüngere zu verstärken.

Wenn man diese Zusammenhänge durchschaut, wird man die Streitereien, hinter denen noch tierisch roh Rang- und Selbstbehauptungsbedürfnisse stecken, nicht grundsätzlich negativ einschätzen. Aggression kann eben sogar eine positive, konstruktiv wirkende Seite haben. Im Grunde dient die Aggression, über die wir alle verfügen, wenn wir die Phase der Konstituierung des Selbstbehauptungstriebes normal haben durchlaufen dürfen, der Aktivierung der Selbstverteidigung. Sie ist sogar ein gesunder Automatismus und setzt spontan als Gefühl in uns ein, wenn wir uns bedroht fühlen. Aber wir müssen lernen damit angemessen umzugehen.

Das Leben mit Geschwistern hat deshalb eben auch einen erheblich positiven Wert. Die Kinder üben sich miteinander in Kommunikation ein; sie lernen, einerseits sich zu verteidigen, sich zu behaupten, andererseits aber auch nachzugeben. Sie sind genötigt zu teilen, und das ist als Vorbereitung auf das Erwachsenenleben von Wichtigkeit. Geschwister sind dadurch gewissermaßen Verwöhnungsverhinderer. Verwöhnung des Einzelkindes ist ein Wagnis, weil der Alleinherrschaft damit keine Grenzen gesetzt werden und die Gefahr, selbstherrlich, anspruchsvoll und selbstverliebt zu werden, gegeben ist – sicher kein erstrebenswertes Erziehungsziel.

Jede Geschwisterkonstellation hat – wie gesagt – im Hinblick auf die Rivalitäten spezifische, typische Färbungen. Im Allgemeinen haben es die Eltern in dieser Hinsicht mit Mäd-

chen ein wenig leichter als mit Jungen, jedenfalls, was frontale, direkte Muskelkämpfe angeht. Jungen und Mädchen werden schon vor und unter der Geburt mit dem jeweiligen Geschlechtshormon ausgestattet. Dieses aber lässt die Jungen im statistischen Mittel kampflustiger werden als die Mädchen. Sie sollen später die Familie mit ihrer Muskelkraft verteidigen können – so das Ziel. Zwei Jungen balgen sich also als Geschwister sehr viel häufiger miteinander, wenn der Altersabstand nicht allzu groß ist. Das hat auch einen Übungsaspekt und nicht auf jeden Fall den Grund in einer mörderischen Eifersucht. Mädchen beißen als Kleinkinder eher und gehen dann bald schon viel mehr zum Austragen ihrer Kämpfe mit verbalen Mitteln über. Diese können aber sehr verletzend sein und ebenfalls schließlich mit Gebrüll enden, besonders, wenn es sich dabei um zwei Schwestern in nahem Altersabstand zueinander handelt.
Die meiste Hoffnung auf einen hohen Grad von Friedlichkeit im Kinderzimmer hat die Konstellation eines älteren Jungen und eines jüngeren Mädchens im Altersabstand von zwei bis drei Jahren. Ein Altersabstand von nur einem Jahr hingegen schwächt die Rivalitäten leider keineswegs ab. Wenn die Älteren zu früh die Nähe zur Mutter verlieren, kann das zur Folge haben, dass eine Habe-nichts-Haltung in ihnen dominant wird. Auf diese Weise kann sogar der Neid als Charakterzug lebenslänglich vorrangig werden, schon ganz und gar, wenn im gleichen zu geringen Abstand weitere Geschwister folgen.

Die Färbung des Charakters durch die Art der Geschwisterkonstellation ist grundsätzlich sehr groß, am meisten aber bei den mittleren Kindern in einer Geschwisterreihe. Bei drei Kindern ist das mittlere Kind – egal in welchem Abstand und von welchem Geschlecht – das am meisten gefährdete, sich benachteiligt zu fühlen. Wenn es darüber hinaus vital ist, wird es schon bald beginnen, sich dagegen durch Ellenbogenkämpfe nach oben gegen das ältere und nach unten gegen das jüngere Geschwister zur Wehr zu setzen. Dadurch wird das sogenannte „Sandwich-Kind“ leicht einmal zum schwarzen Schaf in der Familie, weil niemand versteht, dass es sich bei der vielen Zankerei und Rangelei eigentlich um Sehnsucht nach mehr Anerkennung und um nicht bewältigten Schmerz wegen des Terrainverlusts handelt.

Ich habe in meiner Praxis immer wieder die Erfahrung gemacht, dass in solchen Familien die disharmonische Atmosphäre, die die Mütter nur mühsam aushalten können, verschwinden, wenn die Eltern diesen Grund erkennen und Aktionen starten, bei denen der kleine Neidhammel zwischendurch immer einmal allein Zuwendung erfährt. Besonders Väter können hier mit den Sandwich-Söhnen jenseits des Kleinkindalters viel tun, indem sie immer einmal wieder besondere Abenteuer starten, bei denen es dann allein um die Gemeinschaft mit dem kleinen schwarzen Schaf in der Familie geht und es sich als satt geliebt erfahren kann.
Grundsätzlich gilt: Geschicktes Taktieren auf dem Boden von Verstehen über unsere noch rohe Natur im Kindesalter kann viel Unfriede umschiffen und mit pfleglichen Mitteln eine allmähliche Akzeptanz der kleinen Rivalen erreichen. Lob für Menschlichkeit und Hilfsbereitschaft schafft hier mehr als Schimpfen und Verurteilen.
Je älter die Streithähne werden, umso nötiger ist auch einmal das Machtwort des Vaters und die verbale Vermittlung des christlichen Elternpaares, dass Christus uns befohlen hat, einander brüderlich zu lieben, je näher wir einander sind, und dass wir uns alle immer wieder neu darum bemühen müssen,

dies zu verwirklichen, statt uns weiter zu benehmen wie eben TIERlein.

Die Vorstellung aber, das scheinbar Böse von Anfang an mit Gewalt auszuräumen, ist fatal. Prügelerziehung erzeugt Aggressionshemmungen, Zwangsneurosen und später eine Neigung zu durchbrechendem Jähzorn. Es macht den Mann kriegerisch und bringt ihn damit nun heute auch noch in die Gefahr, killerspielsüchtig zu werden. Das sollten sich alle Eltern hinter die Ohren schreiben.
Die zusammenhaltenden, gesunden Familien mit mehreren Kindern, die in nicht allzu großem Abstand miteinander aufwachsen, haben heute oft das Problem, dass die Geschwisterrivalitäten sich mit dem Zuwachs an Verstand nicht etwa abschwächen, sondern sie vergiften immer häufiger die Atmosphäre, auch noch im Schulkindalter. Das liegt nicht immer daran, dass die Eltern es nicht geschafft haben, den rohen Alleinherrschungsanspruch des Kleinkindes verstehend zu bändigen. Die Eltern sind oft darüber hinaus dem antiautoritären Prinzip verfallen. Meistens wissen sie allerdings selbst nicht genau, dass sie damit einer Ideologie die Hand gereicht haben, die ihnen das Familienleben in einer kontraproduktiven Weise mächtig erschwert. Sie sind von den 1968 begonnenen Einflüsterungen belastet, dass jegliche Autorität bereits eine Anmaßung ist, vor allem die der Eltern – besonders aber die des Vaters!

Doch das war von den 70er Jahren ab der Beginn des Chaos, sowohl für die Familie als auch für den antiautoritären Lehrer im Schulbetrieb! Das Allertraurigste: Ihren Eltern jedenfalls danken Kinder den Verlust von Konsequenz und Orientierung keineswegs, weder mit mehr Friedfertigkeit noch mit mehr Erziehungserleichterung – im Gegenteil! Sie werden immer aggressiver, nicht nur als Geschwister gegeneinander, sondern auch noch gegen Personen der Generation vor ihnen. Sie gewöhnen sich eine aggressiv getönte Respektlosigkeit geradezu an! Die Ursache ist darin zu suchen, dass zu lockere Erziehungsmethoden eben nicht den unbewussten Erwartungen der Kinder entsprechen! Nur in eingebahnten Strukturen können sich Kinder geborgen fühlen. Das gehört zu ihrem Bedürfnis nach Sicherheit. Es ist gerade das unbewusste Gefühl von Ungesichertheit, das den misslaunig aggressiven Charakter gebiert! Kinder ohne liebevolle Autorität der Eltern fühlen sich vernachlässigt, was sie chronisch wütend macht, weil man ihnen etwas vorenthält, das ihnen eigentlich zusteht!

Es ist genau diese Befindlichkeit, die das Erziehungschaos in unserer Gesellschaft heute hervorruft: das fehlende Bewusstsein über die unabdingbare Notwendigkeit von echter Autorität, die den so massiven Irrweg heute hervorgerufen hat, und es ist besonders der Vater, der – bedingt durch seine hormonelle Ausstattung mit Testosteron – eine besonders verantwortungs-bewusste Aufgabe in der Familie hat: Er soll und muss für das unmündige Kind gewissermaßen Gottes Stellvertreter sein und seinem Kind die rechten, christlichen Orientierungsmarken setzen, was natürlich auch einschließt, dass kraft seiner Autorität das Kind wieder auf den rechten Weg gebracht wird, wenn es in Tierisches, Rohes, Selbstherrliches abzudriften droht. Je älter das Kind wird, umso wichtiger ist hier Vaters Veto, wenn das Maß, welcher Art auch immer, überschritten wird. Auch seine Bereitschaft, gegenüber den Kindern ab dem Vorschulalter zu Sanktionen zu greifen, gehört zu seiner Vateraufgabe.
Es ist für uns alle ein großer Verlust an Entfaltungsmöglichkeit, dass der militante Feminismus es zuwege gebracht hat,

den Mann zu diskreditieren. Das Abhalftern der Autorität des Mannes und damit auch des Vaters, ist ein höchst bedenklicher Wirkverlust in unserer Gesellschaft. Wer braucht heute dringlicher verantwortungsbewusste, sich kümmernde Väter als unsere wildgemachten Jugendlichen: Die Mädchen mit klaren Vorgaben für die Gestaltung und Begrenzung ihrer Feten, aber noch viel mehr die jugendlichen Söhne vor den Computern? Hier ist Vaterzeit bei der Ausschaltung von Killerspielen, hier ist Vaterzeit, um die Liebesfähigkeit der Heranwachsenden nicht durch PC-Pornographie zu gefährden! Das ist Vaters Feld; denn er kennt die Gefahr der Sexualisierung seines Geschlechtstriebes. Er muss das heute als eine, als seine sehr vordringliche Aufgabe begreifen!

Aber zurück zum Geschwisterstreit: ER endet selten im Erwachsenenalter. Auch dort lässt er sich nur ausschalten, wenn wir den Irrweg entfesselter Aggression, auf den wir uns durch den Verlust von Autorität begeben haben, ganz klar als einen Weg in den Abgrund wahrnehmen. Das wird nur möglich sein, wenn wir den Sinn liebevoller Autorität zu verstehen beginnen, und nicht jeder im nahen Umfeld immer nur darauf aus ist, auf jeden Fall Recht zu haben, um so als Platzhalter die meiste Macht sichern zu wollen, die meiste Anerkennung, das meiste Geld in der Beibehaltung unseres infantilen tierischen Uregoismus und als Drang, es dem anderen wegzunehmen! Besonders in Bezug auf einen Erbfall tut hier dringlichste Besinnung Not, um nicht durch die Aktivierung alter Eifersucht aus dem Kinderzimmer in die Fänge der „alten Schlange“ zu geraten. Der Mensch ist auf Höherentwicklung angelegt, auf mehr Dominanz des Liebens im Leben miteinander. Durch die Liebe allein erhält er seinen Wert – nur durch sie! Kein Abitur, kein Doktortitel und keine Karriere können diese Liebe zum Nächsten ersetzen. Durch kein Wegbeißen der miteinander Konkurrierenden lässt sich das erreichen, nicht einmal durch politische Machtfülle um des eigenen Glanzes willen und erst recht nicht durch einander übertrumpfenden, materiellen Reichtum.

Machen wir uns das bitte als eine jämmerliche Tendenz in unserer Neidgesellschaft klar: In der Tiefe hat jeder atheistische Sozialismus den Neid als Stachel in seiner Ursprungsidee! Weil es so viele infantile Neider gibt, deshalb findet er so verführerisch rasch Anhänger. Aber deshalb führt er auch ebenso sicher in den Untergang derjenigen Gesellschaft, die auf ihn setzt. Neid mit dem Programm der Angleichung aller an alle stutzt gewaltsam die Erfolgreicheren und ist deshalb bis jetzt regelmäßig gescheitert. Neid führt in die Selbstzerstörung.

An dieser Stelle muss uns klar werden, dass die heute meist fehlende Fähigkeit, im Erwachsenenalter den Neid zu beherrschen, bewirkt, dass die Menschenbrüder und -schwestern sich gegenseitig befeinden, sowohl im Privaten, Familiären als auch in der Weltgeschichte. Die Frustrationen des Kleinkindalters sind weiter virulent und vergiften die Beziehungen. Das eskaliert so lange zur Ausweglosigkeit, als der Mensch nicht auf die Idee kommt, seine Gedanken vom neidischen Suchen abzuwenden und sich stattdessen zu Gott hinzuwenden, um die Sehnsucht, am meisten geliebt zu werden, von IHM allein zu erhoffen. Nur ER kann das ermöglichen. Diese Hinwendung zum Glauben öffnet die Möglichkeit, sogar den unliebsamen Bruder, die unnormale Schwester lieben zu wollen. Spätestens also im Erwachsenenalter und im Nachdenken über die eigenen rivalisierenden und konkurrierenden Neidgefühle oder gar Handlungen sollte sich der Mensch verdeutlichen, dass er sein Leben verfehlt, wenn er sich dumpf-unbewusst immer noch wie das Kleinkind kainhaft benimmt.

Wäre dieses Wertsystem mit Blick auf einen liebenden, herausfordernden Gott-Vater wieder in unserer Gesellschaft ein vorrangiges Ziel, dann würde es auf dem Boden einer vernünftigen christlichen Erziehung bald mehr Exemplare echt mündiger Menschen geben. Der mündige Mensch ist dadurch gekennzeichnet, dass er seinem „Nebenbuhler" dessen Erfolg nicht streitig zu machen sucht, sondern seinen Sinn darauf richtet, das ihm selbst Mögliche, so gut er es eben kann, zu vollziehen. Rohes Wegbeißen eines Günstlings, welcher Art auch immer, ist das Zeichen eines niedrigen, zurückgebliebenen Entwicklungsstatus; es ist eine unangemessene Projektion aus Kindertagen, eine infantile Übertragung, die den Frieden miteinander nicht erbringen kann. Einem wirklich mündigen Menschen geht es in seinem Leben nicht mehr um die höchste Gunst bei Vater und Mutter, bei Chefs, in der Gesellschaft oder vor der Umwelt, sondern wenn er „fromm" ist, wie es in der Geschichte von Kain und Abel gefordert wird, geht es ihm darum, in einer optimalen Weise „mit seinen eigenen Pfunden zu wuchern", seine Begabungen zu verwirklichen und die Liebe in der Welt zu mehren. Dem Mündigen ist gewiss, dass dieses Ziel nicht zu erreichen ist, wenn er den auszuschalten sucht, der neben ihm auf dem Weg zum gleichen Ziel, zunächst – oft aber auch nur scheinbar – erfolgreicher zu sein scheint.

In nachdrücklicher Weise ist das in der Geschichte von Kain und Abel ausgedrückt, als Warnung, unser Leben nicht durch Eifersucht und Neid zu zerstören. „Nur wenn du fromm bist, kannst du es packen, den Neid zu besiegen", ruft uns deshalb unser Gott selbst in direkter Rede gleich am Anfang der Heiligen Schrift zu. Und das heißt: „Hör auf, dich mit deinem Bruder zu vergleichen! Schau hinauf und tu das Deine, so gut du es vermagst." Das ist Gottes Lösung und Rat als Antwort

auf den mörderischen Geschwisterstreit – auch unter den Völkern(1. Mose 4,6).
Gewarnt wird hier drastisch vor allen Teufelskreisen brutaler, unmäßiger Selbstverteidigung; denn auf diese Weise kann gesunde Selbstbehauptung sehr rasch von der Versuchung zu böser Aggression angefallen werden. Deshalb brauchen wir die Stimme des Gewissens, das uns vor Grenzüberschreitungen bewahrt. Deshalb brauchen wir das Hinauflauschen zu Gottes Stimme! Getrennt von Gott ist die Macht unseres Naturtriebes zu groß! Wir müssen lernen, liebevolle, Gott stellvertretende Autorität in unserem hierarchisch angeordneten Leben zu akzeptieren bzw. verantwortungsbewusst in den entsprechenden Positionen zu leben und Versöhnung eher anzustreben als zerstörerischen Streit. Das ist eine Vorgabe Gottes zu unserem Schutz kraft SEINER Autorität, damit wir vor den Rückfällen in tierische Aggressivitäten, im Kampf aller gegen alle bewahrt bleiben.

Sumpfige Irrwege

`Die Enthemmung des Fortpflanzungstriebes als ein Instrument der Volksverdummung war und ist ein gewichtiger Faktor des Niedergangs. Dass dadurch wie eine Sumpfblüte ein Boomen des sexuellen Kindsmissbrauchs hervorgerufen wurde, bedarf einer ausführlicheren Darstellung.`

Bei den hochbrandenden Diskussionen über die Vielzahl sexuell missbrauchter Kinder und Jugendlicher in den vergangenen 40 Jahren wird sichtbar, dass die zentrale Ursache – die Sexualisierung der Gesellschaft – wie auch deren Folgen kaum ins Bewusstsein der Bevölkerung gedrungen sind. Deshalb soll noch einmal mit Zitaten aus den frühen Schriften der Neuen Linken verdeutlicht werden, dass die sogenannte „Befreiung zur Sexualität" nicht etwa – wie bereits im ersten Kapitel verdeutlicht – einem berechtigten Notstand abhalf und junge Frische bedeutete, eine Überwindung von veralteter Kultur, ein Abschied des „Muff von 1000 Jahren unter den Talaren", sondern dass diese „Befreiung" zum strategischen Plan der sogenannten Neuen Linken gehörte, mit dem Ziel, durch Abschaffung der bürgerlichen Gesellschaft eine *politische Veränderung* zu erwirken, um eine sozialistische neomarxistische Gesellschaft aufzubauen.

Die Ignoranz eines großen Teils unserer Gesellschaft in Bezug auf die Pläne der Neuen Linken ist umso erstaunlicher, als deren Protagonisten in ihren Programmschriften der 1960er-Jahre ihre Absichten unverblümt zum Ausdruck brachten und von einigen wachen Fachleuten auch sofort als eine gefährliche Ideologisierung eingeschätzt wurden, die sich vor allem auf die

Erziehung der Kinder und der später seelisch kranken Erwachsenen negativ auswirken würde. In meinem Taschenbuch „Manipulierte Maßlosigkeit“[1], 1971 bei Herder erschienen, konnte man unmittelbar nach Beginn dieses Feldzuges Ursachen und Begründungen der zu vermutenden schädlichen Folgen aus kinderpsychotherapeutischer Sicht nachlesen. Ich bin – wie bereits im ersten Kapitel aus persönlicher Sicht beschrieben – dieser revolutionären Intention sehr früh auf die Sprünge gekommen, habe daraufhin die Schriften der jungen Revolutionäre durchforstet und erkannt, dass die Befreiung zur Sexualität lediglich als ein Instrument gedacht war, um dieses Gesellschaftssystem aus den Angeln zu heben. Da die Sexualität, so die Meinung der Befreier, in der damaligen Gesellschaft und besonders im Erziehungsbereich in angeblich „schrecklicher“ Weise unterdrückt wurde, bedürfe es ihrer radikalen Umorganisation in der Gesellschaft. „Es kommt darauf an“, so postulierte der aus Berlin zugewanderte Pädagoge Helmut Kentler in seiner im ersten Kapitel erwähnten Schrift, „Sexualität bewusst als politische Erziehung zu etablieren, auf die experimentelle Situation des Sexuallebens einzuwirken, dass das in ihr verborgene gesellschaftliche Veränderungspotential aktiviert wird.“[2]

Die Eckpunkte dieses Programms werden von Kentler ebenfalls benannt; denn nach diesem Konzept muss die Befreiung zur Sexualität bereits in der frühen Kindheit beginnen. Die Protagonisten Comfort[3], Gamm[4], Amendt[5], Sewig[6], Sigusch[7] und

---

1 Meves 1971, S. 83
2 Kentler 1970, S.12
3 Comfort 1964
4 Gamm 1970
5 Amendt 1970
6 Sewig 1971
7 Sigusch und Schmidt 1972

Schmidt entwickelten neue Vorschläge zur Veränderung der Sexualerziehung. Helmut Kentler empfiehlt bei Kindern folgende Umgestaltung:

1. Onanieren durch die Kleinkindzeit hindurch,
2. die Veränderung des Inzesttabus zwischen Eltern und Kindern, indem sie nicht mehr unberechtigterweise ausgeschlossen werden, sondern Eltern und Kinder gegenseitig die Erfahrung machen können, dass Versuche, miteinander zu koitieren, an der Enttäuschung der Unangemessenheit scheitern,
3. das Zulassen und Unterstützen von sexuellen Spielereien im Schulalter, um die Koitusfähigkeit zu erleichtern sowie die Unterrichtung der Jugendlichen in perversen Sexualpraktiken, um ihr Geschlechtsleben zu differenzieren,
4. Geschlechtsverkehr von der Geschlechtsreife ab, sowohl im privaten wie im schulischen Bereich, wobei praktischer Sexualkundeunterricht erteilt werden sollte; infolgedessen
5. die uneingeschränkte Freigabe der Ovulationshemmer für junge Mädchen.[8]

Wie Kentler sich die Übungen zur Sexualität vorstellt, gibt er in unmissverständlicher Weise preis. Es soll nicht nur zu heterosexuellen Kohabitationsversuchen zwischen Kindern kommen, sondern auch zu Praktiken, die der – nach Kentler – „polymorph perversen“ Struktur der Sexualität von Heranwachsenden entsprächen. Er schreibt: „Soll das Elend der Sexualität nicht ständig durch Erziehung reproduziert werden,

---

8 Kentler 1970, S. 40

dann müssen Vorstellungen emanzipierter Sexualität entwickelt werden, die den üblichen Erscheinungsformen gesellschaftlich angepasster und integrierter Sexualität entgegenstehen. Sie können beispielsweise orientiert sein am polymorph-perversen Spielcharakter der Sexualität."[9]

In „Manipulierte Maßlosigkeit" unterzog ich diese Theorien einer umfassenden Analyse und widerlegte diese Forderungen mit begründeten entwicklungspsychologischen Praxiserfahrungen. Um den sexuellen Missbrauch wirklich erkennbar zu machen, zitierte ich sogar eins der von Kentler aufgeführten pädophilen Beispiele aus der Kommune2 mit sexuellen Spielereien zwischen einem erwachsenen Mann und einen etwa dreijährigen Mädchen. Nach dieser Kritik fasste ich das Gefährliche einer Einführung solcher Schwerpunkte in die Sexualerziehung zusammen und kennzeichnete die Sexualtätigkeit kleiner Kinder als eine Folge von sexueller Verführung durch Erwachsene folgendermaßen: „Frühkindliche Sexualität hat mit der genitalen Sexualität des Erwachsenenalters wenig gemein. Eine Sensibilisierung der erogenen Zonen, die den Menschen an diese sexuelle Praktik fixieren, können den Übergang zur erwachsenen Genitalität erschweren, ja u.U. vollständig verstellen."[10]

Um aber wenigstens heute zu erkennen, in welchem Zusammenhang die „Befreiung zur Sexualität" steht, ist mehr nötig als ihre Absurdität zu durchschauen. Die Neue Linke will „die alte starre Gesellschaftsordnung" und das bisher rechtliche Verbot sexueller Betätigung von Erwachsenen mit Kindern

---

9 Kentler 1970, S.102
10 Meves 1971, S.92

durchbrechen. Deshalb muss die alte sogenannte „repressive Sexualerziehung“ unbedingt verschwinden. Dazu müssen aber eben die repressive Autorität, sowie die „Ungerechtigkeit produzierende Familie“ gleich miterledigt werden. Dann erst kann die frühe Sexualisierung der Kinder als das eingesetzt werden, als was sie gedacht ist: als ein zugkräftiges Vehikel dieser Strategien zur politischen Umgestaltung.

Mit dieser Einschätzung stand ich zwar weitgehend, aber nicht vollständig allein. Der Erziehungswissenschaftler an den Universitäten Innsbruck und Konstanz, Wolfgang Brezinka, hat hier ebenfalls genau nachgelesen und veröffentlichte mit der gleichen Besorgnis eine akribische wissenschaftliche Arbeit über die Ziele der Neuen Linken: „Der Einsatz der Neuen Linken für die ‚sexuelle Befreiung der Jugend' ist nur verständlich, wenn man ihn als Bestandteil der Strategie zur Erreichung ihrer *politischen* Ziele erkennt. Sie tritt deswegen dafür ein, weil sie die sexuellen Antriebe und Interessen der Heranwachsenden für den motivationsstärksten Ansatzpunkt zur politischen Aufwiegelung gegen die bestehende Ordnung hält.“[11]

Brezinka belegt dies mit den Schriften von Haug und Maessen 1969[12], anlässlich der Vorbereitung der antiautoritären Schülerunruhen seit 1967. Brezinka zitiert dazu Katja Sadoun et al. mit folgendem Zitat aus einer Revolutionsschrift 1970: „Die proletarische Erziehung beginnt mit der Brechung der sexuellen... Tabus.“[13] Brezinka setzt seine Beweiskette mit einer Klarstellung von Niels J. Sewig und Christine Kulke (1971) fort: ‚Der Kampf ist dabei eindeutig gegen die Insti-

11 Brezinka 1972, 5.Aufl. 1980, S.176
12 Haug und Maessen 1969, S. 78ff.
13 Sadoun 1970, S. 221

tutionen der Ehe und der Familie gerichtet, damit aber auch gegen romantische Liebesbeziehungen, gegen auf Dauer fest gerichtete Partnerbindungen"[14], und die Autoren fassen zusammen: „Ehe und Familie sind für die Neue Linke jene Institutionen, die sie als Hort des Widerstandes gegen ihre revolutionären Pläne am meisten fürchten. Deswegen wenden sich ihre sexualpädagogischen radikalsten Anhänger gegen die Verknüpfung von Sexualität und Liebe, von Geschlechtsverkehr und Gefühlen."[15] An anderer Stelle resümiert Brezinka: „Aus den Texten der Neuen Linken bei ihrem Eintreten für die sexuelle Befreiung der Jugend geht es gar nicht darum, den Einzelnen bessere Hilfen auf der Suche nach persönlicher Liebeserfüllung zu geben. Viel mehr kommt es ihr darauf an, einerseits die sexuellen Bedürfnisse, Wünsche und Interessen als Triebkräfte für den politischen Kampf auszunutzen und andererseits aber auch zu verhüten, dass anspruchsvolle eheähnliche Liebesbeziehungen entstehen, die von politischen Aktivitäten ablenken. Dauerhafte Partnerbeziehungen und Frühehen werden vor allem deswegen bekämpft, weil in ihnen Liebes – und Verwirklichungswünsche abgesättigt und damit Energien von der Beteiligung an den ökonomischen und politischen Auseinandersetzungen abgezogen werden."[16]

Der erfahrene Pädagoge zweifelt deshalb zu Recht: „Empirische Befunde dieser Art lassen es zumindest als sehr unwahrscheinlich erscheinen, dass durch die Förderung ungehemmter sexueller Triebbefriedigung der Erwerb von Persönlichkeitsmerkmalen wie ... Menschlichkeit oder Mündigkeit ermög-

14 Sewig 1971, S. 9
15 Brezinka 1972, 5. Aufl. 1980, S. 177
16 Brezinka 1972, 5. Aufl. 1980, S.178

licht wird."[17] Wolfgang Brezinka hat diese bedauerliche Entwicklung weiter verfolgt und schreibt 1986 resigniert: „Zu den der sozialistischen Linken willkommenen Fernwirkungen der ‚Emanzipatorischen Pädagogik' gehört,... dass es gelungen ist, die pädagogische Öffentlichkeit mit Scheinproblemen wie ‚Emanzipation', antiautoritäre Erziehung', Demokratisierung des Erziehungswesens' usw. zu beschäftigen und dadurch von den wirklichen Problemen unserer Erziehungssituation abzulenken."[18] „Einen schnelleren und größeren Erfolg konnten sich die neomarxistischen Pädagogen nicht träumen lassen, nachdem sie die Parole ‚emanzipatorischer Erziehung' ausdrücklich als ein subversives (das heißt umstürzlerisches) Bildungsprinzip in Umlauf gebracht hatten."[19]

Mit Erschrecken lässt sich feststellen, dass diese gänzlich unnatürlichen, den Entfaltungsbedingungen von Kindern und Jugendlichen keineswegs angemessenen Sexualpraktiken heute, 40 Jahre später, in der Tat voll zur etablierten Sexualerziehung junger Menschen gehören.

Bereits in den Anfängen der Revolte setzte ich dem Thema „Sexualerziehung" ein entwicklungspsychologisch vertretbares Konzept entgegen: „Das Ziel der geschlechtlichen Erziehung kann unmöglich darin bestehen, Kenntnisse und Praktiken über sexuelle Vorgänge zu erwerben. Eine solche, rein auf biologische und technische Information gerichtete Aufklärung kann – zum falschen Zeitpunkt und mit falschen Mitteln vorgenommen – durchaus tiefgreifend schaden, falsche Wei-

---

17 Brezinka 1972, 5.Aufl. 1980, S. 176
18 Brezinka 1986, S. 48
19 Brezinka 1986, S. 47

chen stellen und die Persönlichkeitsentwicklung deformieren. Sie kann Sexualität blockieren, weil sie zur Unzeit stimuliert wurde. Das Ziel der geschlechtlichen Erziehung muss darin bestehen, dass der Mensch ein besseres Leibverständnis erwirbt und, ohne in eine gespannte Zwiespältigkeit zu seinem Leib zu verfallen, so aufwachsen kann, dass er am Ende der Jugendzeit seine Männlichkeit oder seine Weiblichkeit verantwortungsbewusst bejahen und tragen kann. Geschlechtserziehung ist ohne Vermittlung einer Sexualethik nicht nur fragwürdig, sondern des Menschen einfach unwürdig. Information über die Sexualität wäre unnötig, wenn sie lediglich zur Vermittlung sexueller Techniken führen sollte. Sexualität ist, wie bei den Tieren, ein Triebgeschehen, zu dessen Funktionieren es absolut keiner Aufklärung bedarf. Die Sonderrolle des Menschen besteht vielmehr darin, dass er nicht Triebwesen allein ist, sondern darüber hinaus auch Geistwesen und dass ihm die schwere Aufgabe zufällt, seine Leiblichkeit mit seiner Geistigkeit zu verbinden. Wir wissen heute, dass nicht nur die Verleugnung der Sexualität (wie zu Freuds Zeiten), sondern auch die Verleugnung dieser ‚Geistträgerschaft' des Menschen zugunsten der Sexualität den Menschen seelisch krank machen kann. Geschlechtserziehung heißt, die Leiblichkeit und Geistigkeit des Menschen nicht wie zwei feindliche Brüder behandeln zu lernen, sondern die ursprüngliche Harmonie zwischen Natur und Geist herzustellen und ihnen zu einer gesunden Einheit im Menschen zu verhelfen. Dass es in den hormonellen Latenzjahren dabei zunächst erforderlich ist, der natürlichen Neugier des Kindes zu einer Entspannung zu verhelfen, hat lediglich den Sinn zu verhindern, dass der sexuelle Antrieb verfrüht in ein übersteigertes Suchverhalten gerät, weil dadurch eine harmonische Gesamtentwicklung gestört und behindert wird. Wichtiger als alle Belehrungen ist das Verhalten der Erzieher. Kinder können umso gesünder in ihr Frau- und Mannsein hineinwachsen, je mehr sie Vorbilder haben, die mit überlegender Gelassenheit reife Erwachsene sind. Jede übertriebene Betonung, Zur-Schau-Stellung und thematische Fixierung an Gesprächsinhalte mit sexuellen Nuancierungen kennzeichnen gerade nicht den reifen Erwachsenen, sondern deuten auf sexuellen Infantilismus hin. Kindern, die in einer solchen sexualisierten Elternhausatmosphäre aufwachsen müssen, gelingt eine Harmonisierung später schwerer! Manche werden mit negativen Valenzen gegen Sexuelles überflutet – andere zu suchtartigen Abartigkeiten stimuliert, die ein ganzes Leben färben und vergiften können. Es ist dringend an der Zeit, sich zur Wehr zu setzen gegen eine brutale Manipulation der Kinder durch Praktiken, die ihnen nicht angemessen sind, sich zu wehren dagegen, dass laienhaft emanzipierende Methoden Eingang finden in die Kindergarten- und Schulpädagogik.

Es liegt genug Erfahrungswissen vor, dass es uns Erziehern möglich macht, Kinder behutsam so zu leiten, dass sie weder prüde leibfeindlich noch sexuell abartig werden, sondern in der Beachtung dessen, was für sie in den einzelnen Reifestufen angemessen ist, ihnen den Weg in ein gesundes, reifes und glückliches Erwachsenensein zu ermöglichen.'[20]

‚Zusammenfassend lässt sich sagen: Vorstellungen der dargestellten Art über Geschlechtserziehung ließen sich als unrealistisch abtun (denn weder ist eine kindliche Genitalbetätigung natürlich, noch wird der Mensch durch Geschlechtsverkehr klug, kritisch oder gar friedlich), wenn man nicht ganz deutlich den Eindruck gewinnen würde, dass hier echte Demagogie betrieben wird. Hier soll politisch verhetzt und gleichzeitig An-

---

20 Meves 1971, S. 112ff. und 2000 S. 106ff.

archie gefördert werden. Die Anweisungen von Herrn Kentler sind moderne ‚Dienstanweisungen für Unterteufel'. Sie würden sich gut einfügen in das schon 1944 erschienene Buch von C.S. Lewis mit dem gleichen Titel. In diesem Buch werden mit scherzhaftem Tiefsinn Strategien zur Verderbnis des Menschen entwickelt. Da heißt es zum Beispiel: ‚Die Methoden, den Geschlechtstrieb des Mannes zu neuem Verderben zu verwenden, sind nicht nur sehr erfolgreich (für den Teufel), sondern auch höchst amüsant, und das dadurch bewirkte Elend ist von sehr dauerhafter und auserlesener Art.'[21]

Die in diesem Sinn anberaumte „Befreiung zur Sexualität" als ein politisch gedachtes Instrument neomarxistischer Gesellschaftsveränderung wurde mit der Übernahme der Bundesregierung durch die SPD/FDP ab 1969 gesellschaftsfähig. Damit wurde das Tor zu enthemmter Sexualität breitflächig aufgestoßen. Als sogenannte "Emanzipatorische Pädagogik" besetzte diese unrealistische, zum Niedergang führende Ideologie gewissermaßen im Handstreich die Medien und die Institutionen.

1978 bereits wurde in einem ZDF-Film mithilfe eines jungen Vaters und seiner Säuglingstochter in der Badewanne zu sexueller Stimulation angeregt. Denn es gehörte schließlich zur Strategie der Ideologie zu behaupten, Sexualität müsse von Anfang trainiert werden, sie müsse gelehrt und gelernt werden, wenn sie sich voll entfalten solle. Diese folgenschwere Desinformation steht zum Teil sogar noch heute in den Schulbüchern.

Was also konnten wir anderes erwarten als eine übersteigerte Sexualisierung, besonders unter den mittlerweile erwachsenen Männern; denn der zu früh geweckte und dann gar noch mit

21 Lewis, 1944, S.89

Pornographie unterlegte Geschlechtstrieb macht sexualsüchtig, zumal entsprechende Fantasien unter Masturbation gesteigert werden können. Das vereinnahmt die Gedanken, bedarf immer neuer, drastischerer Scheinbefriedigungen und schränkt schließlich partiell die Willensfreiheit ein. Die Sexualsucht vieler Männer hat zu einer internationalen Kinderschänderindustrie geführt! Die Zunahme der Vergewaltigungen und der Sexualdelikte ließ sich deshalb ebenfalls voraussagen. Davor habe ich (unter dem Gelächter meiner ideologisierten Gegner) bis heute in der Öffentlichkeit gewarnt!
Sind also die erwachsenen Täter nicht eigentlich zum Teil die manipulierten kindlichen Opfer von einst? Dass entfesselte Triebe dem Menschen Liliput ihre Macht aufzuzwingen und seinen Willen, sein Gewissen, seine Moral beiseite zu fegen vermögen, – dieses uralte Wissen der Mythen und der Bibel ebenso wie der modernen biologischen Wissenschaft – wird weder den Jungen noch den Alten als Warnung heute vermittelt, trotz der bereits so verheerend eingetretenen Folgen dieser leichtfertigen Blindheit.

Immerhin keimt zur Zeit die Hoffnung auf, dass die sich neuerdings im Umlauf befindenden Zahlen von sexuellem Missbrauch ein Aufwachen erwirken könnten. Nach 40 Jahren Sexwelle darf das nun wirklich nicht verwundern; denn die Sex-Apostel plädierten eben von Anfang an für die Überwindung des Inzest-Tabus und für eine Stimulation der Genitalien vom Säuglings- und Kleinkindalter ab.

Entlarvend falsch waren deshalb auch die Voraussagen der Neuen Linken im Hinblick auf die Abschaffung des § 218. Mit einem großen Propagandaaufwand wurde die Strategie

verfolgt, eine Eingrenzung der Abtreibungen zu versprechen, wenn man sie straffrei mache. Das Gegenteil ist eingetreten: Seit der Änderung des § 218, bereits von 1976 an, haben die schein-legalen Abtreibungen auf dem Boden der sogenannten „sozialen Indikation" die Abtreibungen von Jahr zu Jahr sprunghaft zunehmen lassen.
Es darf sicher auch nicht übersehen werden, dass mit dem Entabuieren der Sexualität gleichzeitig ein Rauschgiftboom einsetzte, was – ebenso wie die ansteigenden Selbstmordzahlen im jugendlichen Alter – gewiss nicht dafür spricht, dass die junge Generation durch Befreiung zur Sexualität glücklicher geworden ist, (37 Suizidversuche pro Tag registrierte eine Studie).

Besonders verheerend ist die Bilanz der Frauenärzte. Die Krebsrate bei Frauen, deren erster intimer Kontakt zwischen dem 15. und 17. Lebensjahr lag, ist heute doppelt so hoch wie bei Frauen, deren Geschlechtsleben jenseits des 20. Lebensjahres einsetzte. Lapidar fügt ein Bericht aus der „Ärztlichen Praxis" hinzu: „Das Zerwixkarzinom (Gebärmutterhalskrebs) ist der Prototyp des exogenen Reizkrebses." Verdeutscht heißt das: Häufiger und oft wechselnder Geschlechtsverkehr vom Jugendalter ab erhöht das Krebsrisiko.

Die Hoffnung auf den angepriesenen Genuss ohne Reue wird durch alarmierende Meldungen verantwortungsbewusster Frauenärzte über weitere körperliche Krankheiten der Frauen gemindert. Die Spirale, in der Institution „Pro Familia" den jungen Mädchen jahrzehntelang als ein verlässliches Schwangerschaftsverhütungsmittel empfohlen und ohne Einwilligung der Eltern eingesetzt, erwies sich als höchst gefährlich. Eileiterschwangerschaften, irreversible Unfruchtbarkeit durch Eileiterverstopfung haben in den vergangenen Jahren aufgrund von Entzündungen, die durch die Spirale oder durch Abtreibung hervorgerufen wurden, in einem tragischen Ausmaß zugenommen.

Dabei darf man nicht übersehen, dass bei der Empfehlung der Verhütungsmethoden in den letzten Jahren ein sich als berechtigt erweisendes Misstrauen gegen die Pincus-Pille entstanden ist – haben sich doch die Brustkrebsgefahren nach langfristiger Pilleneinnahme ebenso bestätigt, wie eine hartnäckige Unfruchtbarkeit durch eine Minderung der Gebärmutterschleimhaut. Das neue Verbot, einige der Minipillen an Frauen unter 30 zu verordnen, lässt hoffen, dass sich die langfristige Weigerung, die Risiken langfristiger Pilleneinnahme bekannt zu machen, nicht mehr lange halten lässt.

Aber abgesehen davon war es vor allem auch die Pille, die es erstmals in der Geschichte den Frauen ermöglichte, ohne Risiko fremdzugehen. Dieses hat die Zunahme der Ehescheidungen hochgetrieben, die bei vielen der 160 000 neuen Scheidungswaisen pro Jahr seelische Irritationen hervorruft.

Auch im psychischen Bereich ist die Bilanz insgesamt negativ. Hier haben sich alle Warnungen, die die kleine Gruppe standhafter Fachleute zu Beginn der Eskalation der enttabuierten Sexualität vorbrachten, als berechtigt erwiesen. Hingegen haben sich alle Prognosen der sogenannten fortschrittlichen Sexisten als falsch herausgestellt.

Interessanterweise wird in der Praxis sichtbar, dass trotz aller Aufklärung die Sexualangst zunimmt. Viele Potenzstörungen treten in Erscheinung; denn manche sexualisierte Partnerinnen überfordern die Männer mit ihren sexuellen Ansprüchen und

beschwören Angst vor Bindung und körperlicher Nähe herauf. Die allgemein propagierte Forderung, sich durch ein sexuell genussreiches Leben als up to date zu erweisen, macht manche gegen Zwang allergische Menschen geradezu sexscheu. Daraus resultiert ein vermehrtes Single-Dasein.
Auf dieser Sexscheu, der Gebärunwilligkeit und der neuen Gebärunfähigkeit mancher Frauen basiert zum großen Teil der enorme Geburtenschwund in der Bundesrepublik Deutschland, der unser Land neben Italien seit 1971 zum geburtenärmsten der Welt werden ließ. Es lässt sich jedenfalls heute schon prognostizieren, dass jenseits des Jahres 2020 nicht genug Menschen vorhanden sein werden, die den Alten dann die Renten erarbeiten. Unsere maßgeblichen Politiker reden dennoch gerne vom „Pillenknick“ – also von einer nur vorübergehenden Senkung der Geburten und haben sich bis jetzt geweigert, der Zukunftsbedrohtheit des demokratischen Staatswesens, die durch die Auswüchse der eskalierenden Sexwelle und der fortschreitenden Familienzerstörung entstanden ist, entgegenzuwirken.

Auf dem Boden dieser Einstellungsänderung nahm die Sexualisierung auch der Kinder ungehemmt ihren Lauf, wobei stumm übergangen wurde, dass viele der Propagierer volltönend die Sexualisierung der Jugendlichen nicht einfach nur als „Befreiung“ anstrebten, sondern sie weiterhin lediglich als ein Instrument zur Ablösung der jungen Generation aus den familiären Bindungen inszenierten, um sie für ihre politischen Zwecke, d.h. der Zerstörung unserer Demokratie durch Zerstörung der Familien, zu missbrauchen.
Diese Programme haben bei ungezählten Kindern und Jugendlichen das Klassenziel erreicht: Der Graben zwischen Eltern und Kindern ist oft unüberbrückbar geworden; viele Familien

sind zerrüttet. Die Nöte dieser Art, die bei Psychiatern und Psychotherapeuten anbranden, sind unübersehbar groß.

Die Pille für junge Mädchen, das Kondom für die Jungen – so fabelhafte sind diese Tricks von den Ergebnissen her also doch keineswegs! Vor allem wohl auch deshalb nicht, weil sie dem Sex ohne Verantwortung – besonders bei den jungen Männern – viel zu sehr Vorschub leisten, weil die Abkoppelung von Liebe und Fortpflanzung zu einer allgemeinen Entbundenheit führt und damit nur allzu leicht Negatives heraufbeschwört: eben Ekel, Sexscheu oder Fesselung an den isolierten Trieb, und das heißt dann eben häufig Sexualsucht – eine neue, die Gedanken fesselnde und den Lebensspielraum einengende seelische Erkrankung.[22] Sammelt man die Berichte, so gibt es kaum eine Fachrichtung, die Positives im Hinblick auf die verabsolutierte Sexualität berichten kann.

Last but not least ist auch die unheilbare Geschlechtskrankheit Aids ein neues Alarmsignal. Hier hat darüber hinaus eine höchst bedenkliche Eskalation aller Verführungskünste eingesetzt. Das soll noch etwas ausführlicher dargelegt werden:
In einer amerikanischen Studie wurden Paare, bei denen nur ein Partner infiziert war, untersucht. Eine Gruppe hatte 15 Monate lang Sexualkontakt nur mit Kondomen; aber nach diesem Zeitraum erwiesen sich bereits 10% der vormals gesunden Partner als angesteckt, sodass man schleunigst genötigt war, dieses Experiment abzubrechen.

---

22 Süssmuth, Roland, (Hrg.) Ehmann, S.109, Meves S. 457, Maier, S.629, Lerch, S.1105, Ernst, S.121

Geben unsere Aufklärungsschriften für Jugendliche über solche Gefahren Auskunft? Im Gegenteil! Eine schließt sogar mit den Worten: „Es gibt keine gefährlichen Freunde! Lasst euch nicht verrückt machen!“
Solche Aufklärungsschriften müssten doch vor allem männliche Jugendliche vor homosexuellen Experimenten warnen, besonders in Bezug auf Analverkehr, da dieser sich als eine besonders häufige Übertragungsquelle mit dem tödlichen Virus erwiesen hat. Dem so genannten „safer sex“ wird so gewiss keine angemessene Sicherheit verschafft. Man sollte den Jugendlichen über die Nutzlosigkeit des Kondoms in Bezug auf Aid Folgendes vermitteln: Das Kondom besteht aus einer dünnen Latex-Haut. Dieses organische Material hat Löcher von 2 bis 5 Mycron (1 Mycron = 1/1000 mm). Die männliche Samenzelle hat 3 Mycron. Daher entstehen immer überraschende Schwangerschaften. Der Aids-Erreger, HIV-Virus, ist 1/10 Mycron groß. Er schlüpft daher 20-50 mal durch die Poren einer Latex-Haut. In Deutschland hat sich nach einer Statistik auch die Zahl der HIV-Infizierten von 1995 verdoppelt, ebenso wie die Kosten, die dafür aufgewendet werden müssen. Das Kondom ist in Bezug auf Aids also lediglich ein Riesengeschäft[23].

Es ist erschreckend, dass eine solche situationsgerechte Aufklärung in unserem Land bis heute nicht im mindesten erfolgt ist. Das ist ein Versäumnis der entsprechenden Behörden und der Verantwortlichen. In den Medien hingegen antwortete man auf die Entdeckung des HIV-Virus entschieden mit dem Gegenteil: Geradezu fanatisch wurde ab 1985 dafür gekämpft, dass die Errungenschaft der „freien Liebe“ nicht etwa angesichts der

23 „Bevölkerungs-Bericht“ Vol. XVIII, Nr. 3, Serie H, Nr. 8, September 1990, herausgegeben von der John Hopkins Universität, USA

Gefahr wieder verloren ginge, ja, dass um Himmels willen erst recht nicht die Homosexualität dabei in Verruf geriete.
Nicht die sachliche Bekämpfung einer schleichenden tödlichen Epidemie steht deshalb im Mittelpunkt der vielen Aufklärungshefte und Aktionen der sogenannten Aids-Hilfe, die immer wieder von den Behörden in Umlauf gesetzt werden, sondern der Erhalt des Status quo: die verabsolutierte Freiheit des zum Götzen hochgepäppelten Sex, der wie einer heiligen Kuh gehuldigt wird. Es darf nicht übersehen werden, dass an diesen Aufklärungsaktionen die Gesundheitsbehörden (!) maßgeblichen Anteil haben, und dass – vielleicht ohne Wissen über das Ausmaß der Desinformation – sich schulische und kirchliche Institutionen mit den Steuergeldern der Bevölkerung beteiligen. Die wesentlichen Leib und Seele zerstörenden Aufklärungsschriften, die tausendfach in Umlauf sind, sollen deshalb hier ausdrücklich aufgeführt werden:

- >NA NU? Von Liebe Sex und Freundschaften.<

  Herausgeber: Bundeszentrale für gesundheitliche Aufklärung, Köln, im Auftrag des Bundesministeriums für Gesundheit, Bonn, 1994.

- >Aids -Mappe zum Umgang mit Aids in der Jugendarbeit. Materialien, Hinweise, praktische Tips.<

  Herausgegeben vom Deutschen Bundesjugendring, 1991.

- Eine weitere Schrift der Bundeszentrale für gesundheitliche Aufklärung mit dem Titel „Starke Mädchen „ enthielt eine derartige Legitimierung, sogar eine Hinlenkung zur Abtreibung, dass aufgrund maßgeblicher Voten der heutige Ministerpräsident von Bayern, Seehofer, damals Gesundheitsminister, immerhin ein Verbot aussprach. Aber bis dahin war die Schrift natürlich schon wieder tausendfach in Umlauf gebracht worden. Ähnlich geschah es mit der Schrift:

- >Let's talk about Sex. < aus der Landeszentrale für Gesundheitsförderung in Rheinland-Pfalz, 1993.

Diese Publikationen enthalten – zwar in typischer Einförmigkeit, aber dennoch in drastischer Eskalation – gewissermaßen den Höhepunkt der nun staatlich geförderten Erosion der Sittlichkeit.

Der Trend in diesen Aufklärungsaktionen für die Jugend erweist sich bei genauem Hinsehen als außerordentlich verantwortungslos. Sie sind Bemühungen um eine Haltung, die – bei Einsatz von Vernunft und Überlebenswillen – heute nicht mehr situationsentsprechend sind. Im Mittelpunkt steht der Versuch, die Jugend an einer Lebensform festzuhalten, die sich – besonders angesichts der tödlichen Seuche – als unvertretbar erweist. Durch diese einseitige Tendenz wird die wissenschaftliche Wahrheit und damit eine echte Hilfsmöglichkeit gegen die unterschwellige Ausbreitung der sexbedingten Krankheiten blockiert.

Damit geschieht aber Schlimmeres als Unterlassung: Es werden von den Gesundheitsbehörden des Staates aufklärende Maßnahmen ergriffen, die durch Desinformation die Gefahr herunterspielen und dadurch nicht nur kein Abschirmen gegen diese Krankheiten leisten, wie sie vorgeben, sondern die Gefährdungen mächtig verstärken. Gegen alle Vernunft werden in den zur Zeit im Schwange seienden Broschüren zwei Schwerpunkte (kontraindiziert) betont:

1. Geschlechtsverkehr ab 14 sei nach wie vor das Natürlichste der Welt,

   und

2. Homosexualität sei eine Variante von gleicher Gültigkeit wie Heterosexualität. Sie sei angeboren, sei natürlich und besonders interessant. Man könne sich dieser Spielart weiterhin gern bedienen – schon ganz und gar, falls man sich in einen gleichgeschlechtlichen Partner verliebe; denn da Homosexualität eine Veranlagung sei, gäbe es auf diesem Sektor keinerlei Verführung.
3. Überhaupt sei die Anziehung durch das Gegengeschlecht kein angeborener Trieb, man dürfe sich auch gern anders entscheiden: homo-, trans-, bi- oder sonstwie sexuell. (Gender-Mainstreaming).

Diese von den Behörden anberaumte sogenannte „Aufklärung" verdient aber diesen Namen nicht. Sie ist eine tendenziös gefärbte Manipulation der Jugend und hat mit wissenschaftlicher Wahrheit nichts gemein; denn das Angeborensein der Homosexualität ist – trotz ständiger Bemühungen durch entsprechende Forschung – bisher nicht nachgewiesen worden. Sie ist vielmehr tragisches Schicksal, meist eine neurotisch bedingte Fehlidentifikation, die, bevor eine Gewöhnung eingetreten ist, bei hinreichendem Willen durch Psychotherapie sogar reversibel ist. In vielen Fällen ist die Verliebtheit in eine Person des gleichen Geschlechts bei Jugendlichen noch keineswegs ein Zeichen von Homosexualität, sondern eine Übergangserscheinung, die die Entwicklungspsychologen als „homoerotische" Phase bezeichnen.

Die starke Akzentsetzung des Schwerpunkts auf Anfreundung mit der Homosexualität allgemein, die in den Aufklärungsschriften der Gesundheitsbehörden gang und gäbe ist, gefährdet deshalb viele Jugendliche, sich für homosexuell zu halten, ohne es wirklich zu sein und verführt sie, damit zu experimentieren. Auf diese Weise wird die Ansteckungsgefahr geradezu mithilfe der Aufklärungsschriften künstlich verstärkt, statt gemindert, und der Jugend wird – künstlich einseitig und falsch informiert – Homosexualität (nun auch natürlich das Lesbiertum!) geradezu schmackhaft gemacht.
Dazu ein neuerdings nicht mehr seltener Fall aus der Praxis: Ein Elternpaar stellt mir seinen 17-jährigen Sohn vor. Er habe ihnen vor Kurzem erklärt, dass er schwul sei. Befragt, wie er diesen Eindruck gewonnen habe, erklärt er, dass ihn Mädchen bisher wenig interessiert hätten. Er wäre mit vier älteren Schwestern an Weiblichkeit bisher ohnehin reichlich eingedeckt gewesen. Nicht, dass er sich stattdessen in einen Jungen verliebt habe – aber er sei in seiner Freizeit lieber mit Jungen zusammen.

Durch die Aufklärung von zwei sehr seriös erscheinenden schwulen jungen Männern, die ihm im Sexualkundeunterricht der Schule vermittelt worden sei, wäre er auf die Idee gekommen, eventuell doch „andersrum“ zu sein. So habe er bei einer Schwulen-Selbsthilfegruppe angerufen, die in der Zeitung annonciert habe. Man habe ihn eingeladen, und dort habe man ihm seinen Verdacht bestätigt, und er habe dort auch gleich intimen Kontakt mit einem Schwulen gehabt. Diese Gruppe habe ihm gesagt, nun müsse er sich auch „outen“. So habe er es zunächst einmal seinen Eltern erzählt. Die seien aus allen Wolken gefallen und hätten ihm nicht geglaubt.

Die endokrinologischen wie die psychologischen Untersuchungen ergaben: Es handelte sich um einen völlig normalen, heterosexuell veranlagten Jugendlichen, der lediglich durch allzu viel ihn gängelnde Weiblichkeit noch ein wenig zurückhaltend war mit Annäherungen an das weibliche Geschlecht. Aus solchen, eigentlich gar nicht homosexuellen jungen Männern entsteht später häufig die Gruppe der sogenannt Bi-Sexuellen, die sich abwechselnd homo- und heterosexuellen Kontakten zuwenden, eine Gruppe, die auf diese Weise besonders geeignet ist, die HIV-Infektion in die allgemeine Bevölkerung hineinzutragen.
Diese Situation zeigt, wie gelegentlich sogar ganzen Institutionen mehr oder weniger verdeckt und unter Vorspiegelung falscher Tatsachen Bären aufgebunden worden sind. Ein Mainstream an Verbreitung von verführerischen Vorstellungen ist so entstanden – wozu nun auch noch die Gender- Mainstreaming-Ideologie hinzugekommen ist. Die Wahrheit wird so weiterhin bis zum Verschwinden unterdrückt. Schon seit Jahren melden sich nun auch noch in manchen Schulen „Aufklärer“ an und verbreiten hier die ihnen infiltrierten Desinformationen, denen die Lehrer aufsitzen, weil selbst ihnen auf diesen Sektoren die Fachinformationen fehlen.

Und doch beginnt sich die Wahrheit allmählich Gehör zu verschaffen und ein Aufwachen anzumahnen. Die Durchseuchung mit Sexualsüchten und Perversionen ist so weit fortgeschritten, dass die Fakten sich nur noch mühsam unterdrücken lassen.

Fazit: Es ist dringlich, nicht länger die Augen davor zu verschließen, dass unsere Gesellschaft auf dem Weg zur Machtübernahme einer Ideologie ist, die ihr vor vierzig Jahren in erfolgreicher Strategie mit bewusster Absicht aufgenötigt worden ist.

Der vorgegebene Weg

Der Mensch im Schöpfungsgeschehen aus der Sicht seiner Grundlebenstriebe

In diesem Kapitel soll nach einer gestrafften Zusammenfassung meiner Trieblehre versucht werden, aus theistischer, biblischer Sicht Schlüsse über das Schöpfungsgeschehen und die Intentionen Gottes mit der Schaffung des Menschen zu ziehen, um durch Sinnfindung einen Neuanfang auf dem Boden von biologischer Erkenntnis und dem christlichen Menschenbild zu erleichtern und anzuregen.

A) Die Grundlagen

Die Basis der seelischen Entfaltung des Menschen vollzieht sich in strenger Naturgesetzlichkeit. In Zeitfenstern (= Prägungsphasen) konstituieren sich im Gehirn von der Geburt bis zur Siebenjährigkeit nacheinander vier grundlegende Lebenstriebe:

1. Der Nahrungstrieb

Seine Konstituierung beginnt als ein angeborener Reflex in dem Augenblick, in dem der Mund des Kindes die Mamilla der Mutter umfasst und zu saugen beginnt. Dieses Zeitfenster endet vermutlich mit dem Abschluss der ausschließlichen Stillphase etwa ein halbes Jahr nach der Geburt.

2. Der Bindungstrieb

Seine Konstituierung setzt ein, wenn der Gesichtssinn im Gehirn zur Entfaltung gelangt ist. Bei gesund geborenen Kindern geschieht das etwa vier bis sechs Wochen nach ihrer Geburt. Der Beginn dieses Zeitfensters ist daran erkennbar, dass der Säugling seiner Mutter unverwandt ins Gesicht zu schauen sucht und sie anzulächeln beginnt. Das Zeitfenster schließt vermutlich etwa im neunten Monat, am Fremdeln des Kindes erkennbar.

3. Der Selbstbehauptungstrieb

Dieses Zeitfenster öffnet sich, wenn das Kind laufen gelernt hat. Es schließt sich vermutlich mit dem Beginn des Schulalters.

4. Der Geschlechtstrieb

Dieses Zeitfenster öffnet sich, nachdem das Kind sein ICH konstituiert hat und sich der Unterscheidung seiner geschlechtlichen Identität als Junge oder als Mädchen bewusst geworden ist. Diese Vorphase schließt vermutlich mit dem eingebahnten Schulalter ab. Seine volle Ausgestaltung vollzieht der Geschlechtstrieb mit den geschlechtsspezifischen Hormonschüben beim Beginn der Pubertät – erkennbar am Auftreten der sekundären Geschlechtsmerkmale – und bei der Geschlechtsreife der Mädchen an der Menarche, bei den Jungen am Stimmbruch. Bei den Frauen endet dieses Zeitfenster mit der Menopause, beim Mann mit dem Verlust seiner Zeugungsfähigkeit.

Diese vier Lebenstriebe bilden die kreatürliche Basis des Menschen und sind auf sein Überleben bzw. auf seine Fortpflanzung gerichtet. Sie prägen sich mithilfe unbewusster Automatismen aus, wie sie in der Instinktlehre von Konrad Lorenz et al. bei Vögeln und höheren Säugetieren beschrieben worden sind. Diese Lebenstriebe sind zielgerichtet. Ihre Konstituierung ist an Phasen gebunden. Ihre Verfügbarkeit zeigt Mängel auf, wenn sie in den Eröffnungsphasen nicht durch zielgerichtete Passungen mit der einwirkenden Umwelt die Voraussetzungen zur vollen Verwendung dieser Grundlebenstriebe erworben haben. Diese Ziele müssen erreicht sein, wenn die Zeitfenster sich schließen.

B) Die vier Lebenstriebe haben folgende Triebziele:

1. **Nahrungstrieb:** Überleben durch regelmäßige Ernährung, Entfaltung und Ausgestaltung des Körpers und seiner Funktionen.

2. **Bindungstrieb:** Überleben durch Verbindung mit einer versorgenden, dem unreifen Zustand aufhelfenden und die Schwäche des Kindes beschützenden Person, in der Eröffnungsphase spezialisiert auf die leibliche Mutter, delegierbar – lediglich der Not gehorchend – an andere Personen, mit denen das Kind vertraut geworden ist.

3. **Selbstbehauptungstrieb:** Überleben durch Entwicklung von Eigenständigkeit und Selbstverteidigungsaktivitäten.

4. **Geschlechtstrieb:** In der Vorphase Identitätsfindung, nach der Geschlechtsreife Kopulation mit einer gegengeschlechtlichen Person zur Erzeugung von Nachkommen und damit der Fortpflanzung der Spezies Mensch.

C) Beeinträchtigungen der Basistriebe

Unausgeglichenheiten des Verhaltens entstehen, wenn die Triebziele während der Zeitfenster unzureichend erreicht worden sind. Das Kind bzw. später der Erwachsene entwickelt sogenannte Kernneurosen. Sie sind durch eine unausgeglichene Gefühlslage und durch darauf aufbauende Verhaltensauffälligkeiten gekennzeichnet. Diese Verhaltensstörungen auf dem Boden einer unbefriedigten Befindlichkeit entstehen dadurch, dass während der Prägungsphasen (Zeitfenster) durch unzureichende Pflege– Erziehungs- und Verhaltensmaßnahmen (oder durch Schicksalskatastrophen) das jeweilige Triebziel selten oder nur unzureichend erfüllt werden konnte. Dann prägt sich eine Minderung der Stabilität der darauf folgenden, auf der Basis aufbauenden Lebensphasen aus. Entweder entwickelt das Kind dann – je nach genetischer Mentalität – eine Schwächung gezielter realistischer Aktivitäten im Erwachsenenalter, oder der jeweilige unzureichend abgesättigte Trieb verstärkt den Impuls einer undifferenzierten Suche zur Befriedigung und Erfüllung des nicht erreichten Triebzieles mit einem Ausbau dominierender Riesenerwartungen.

1. **Auf dem Boden des Nahrungstriebes** entsteht eine sogenannte „orale Tönung“ des Verhaltens. Das Kind wird gewissermaßen lutschsüchtig, später deswegen eher zum Vielesser, Vieltrinker, zum Kaugummi- und Nikotinanfälligen, Trunk- und Tablettensüchtigen (unbewusst auf der Suche nach dem Absolutum einer ewig spendenden Brust), oder es entsteht die Gefahr einer Aktivitätsatrophie mit depressiven Tendenzen.

2. **Auf dem Boden des Bindungstriebes** entsteht eine süchtige Suche nach bergender Umschlossenheit. Der Mensch bleibt ein unruhig Suchender nach der Bindung an eine ihn bergende Person (unbewusst nach der total einhüllenden Mutter), oder es entsteht aus Enttäuschung ein Rückzug in die Isolation.

3. Auf dem Boden des Selbstbehauptungstriebes entsteht eine Neigung zu übersteigerter Durchsetzung des Ego, im Extrem zur Ausübung von Macht und Gewalt, (unbewusst zwecks vorrangiger Platzbehauptung und Anerkennung in der Gemeinschaft); oder auch – bei Unterdrückung von außen – auch eine Aggressionshemmung.

4. Auf dem Boden des Geschlechtstriebes entsteht ein Schweifen und Suchen nach einer eindeutigen geschlechtlichen Identität, später nach einer zu ihm passenden Person, (unbewusst im Grunde nach einem zur Familienbildung führenden Partner bzw. einer Partnerin) oder – bei entsprechender Vorgeschichte – auch Angst vor Personen des anderen Geschlechts.

Wenn das jeweilige Triebziel nicht in befriedigender Weise erreicht wurde und damit zu einem verklemmten Abschließen des Zeitfensters geführt hat, entsteht die Gefahr, dass die jeweiligen Triebimpulse derartig dominant werden, dass sie sich von dem – ohnehin unbewussten – Triebziel gänzlich lösen. Dann entsteht grundsätzlich die Gefahr einer Suchteinbahnung.

5. Der Verlauf der Suchteinbahnung

Die Verlaufsform einer Suchteinbahnung ist in einer typischen Weise immer gleich, wenn auch trotz der Vielfalt der Erscheinungsformen durch eine spezifische Tönung die Zugehörigkeit der Behinderung einem der vier Lebenstriebe während seiner Konstituierung erkennbar wird. Das Einschleifen der Defizite vollzieht sich aber in einer Weise, wie sie für jede Sucht typisch ist: Der defizitäre Mensch erlebt (vermutlich unter Ausschüttung der Glückshormone Oxytocin und Dopamin) ein scheinbares Erreichen des Triebzieles mithilfe einer vorausge-

gangenen Aktivität bzw. einer Substanz, bei der die scheinbare Befriedigung des eigentlich gesuchten Triebzieles gegeben zu sein scheint.
Da aber die eigentliche Befriedigung nicht zeitgerecht erfolgte, kann die Erfüllung der so vordrängenden Sehnsucht gefühlsmäßig nicht total erfolgen. Sie ist bereits zu einer Riesenerwartung geworden. Deshalb hält die Befriedigung nicht an. Sie wird im Rückblick als unzureichend erlebt.
Deshalb wird dieser Vorgang bzw. die Vereinnahmung der entsprechenden Substanz neu und immer häufiger vollzogen. Doch enttäuschenderweise schwächt sich nun auch noch der „Kick“, das nur scheinbar zielhafte Glückserleben, durch Gewöhnung allmählich ab, bedarf also einer stärkeren Stimulation.
Dadurch entsteht eine Einbuße des willentlichen Widerstandes gegen diese Art des Suchtverhaltens. Der Endzustand der jeweiligen Sucht besteht in der Abhängigkeit von den jeweiligen Scheinbefriedigungsversuchen des jeweiligen mittlerweile vom Triebziel abgelösten Lebenstriebes. Das bewirkt einen partiellen – nun oft auch bewusst erschreckenden – Verlust der Willensfreiheit. Die Abhängigkeit von der Sucht ist komplett, die Falle hat sich geschlossen. Sucht erweist sich damit also grundsätzlich als eine das jeweilige Triebziel verfehlende, zur Maßlosigkeit übersteigerte Seinsweise, die damit das eigentliche Ziel, die Konstituierung der Basislebenstriebe, geradezu ad absurdum führt. Sucht ist unzureichender Scheinersatz für eine, in der Prägungsphase nicht erreichte Grundbefriedigung, was zur Verselbständigung des Triebes geführt hat. Je unzureichender der Basistrieb sich hat konstituieren können, umso mehr vergrößert sich Suchtanfälligkeit, umso geringer ist die Hemmschwelle zur Wiederholung und zum Rückfall.
Welcher der vier Haupttriebe nun aber während der Phase seiner Konstituierung vornehmlich unzureichend blieb, das lässt sich oft an der spezifischen, jeweils entsprechend getön-

ten Suchtform erkennen. Oft überlappen sich die Grundstörungen aber auch; denn je früher die Einbuße entsteht, umso näher liegt auch die zusätzliche Schädigung in einem der sich später konstituierenden Triebe.

D) Spezifische Tönung der jeweiligen Sucht

1. Der gestörte Nahrungstrieb ist durch Unersättlichkeit – hervorgerufen durch unzureichende Ernährungsvorgänge – gekennzeichnet. Die Suchtgefahr ergibt sich deshalb bevorzugt durch oral zugeführte Substanzen, seien es Nahrungsmassen (besonders süße, sei es Nikotin, Alkohol, Cannabis, Tabletten, Schlankheitspillen etc.). Die Einbahnung der Sucht, das heißt die unstillbare Unersättlichkeit, ist sogar die Ursache der Magersucht, wobei die Angst vor der Gewichtszunahme (durch das Gefühl der Unersättlichkeit bedingt) durch den Kick auf der Waage, durch die Lust am Gewichtsverlust, zu bewältigen versucht wird und sich so – süchtiges Abnehmen provozierend – verselbständigt.

2. Der gestörte Bindungstrieb ist durch Suchen nach totaler Bergung (letztlich wie beim Säugling durch die Mutter) gekennzeichnet. Er bahnt sich durch süchtiges übersteigertes unangemessenes Anklammern an immer wieder andere Menschen ein. Und/oder der beeinträchtigte Mensch sucht das Triebziel durch eifersüchtigen Ausschluss anderer Menschen aus der Zweisamkeit, aus der intimen Beziehung, zu erreichen. Da Suchtneigungen dieser Art rasch an den abweisenden Reaktionen der Umwelt zu scheitern pflegen, wird versucht, das Triebziel durch Verallgemeinerung zu erreichen: durch Verbrüderung per Disco, Popkonzert und andere Massenevents. Auch Reisesucht (Fernweh) kann ihre Ursache in der Sucht nach Mutterbindung haben. Noch häufiger pflegen Stehl- und Hortungssucht (Messie) auf dem Boden von Muttertrennungen und Mutterverlust in dieser Prägungsphase ihre unbewusste Ursache zu haben.

3. **Der gestörte Selbstbehauptungstrieb** nötigt, unzureichend abgesättigt, zu einer übersteigerten Dominanz des Ego und ist dadurch in der Gefahr, zur Herrschsucht zu werden. Besonders Waffensucht wird hervorgerufen durch das mangelhaft abgesättigte Bedürfnis, sich selbst verteidigen zu können, sodass dieses Triebziel des Selbstbehauptungstriebes während seiner Konstituierung nicht erreicht werden konnte.
Eine gefährliche Neigung, besonders für männliche Jugendliche, ist hier heute durch aggressive Computerspiele neu aufgetaucht. Bei Tausenden von männlichen Jugendlichen ist bereits eine partielle Einbuße ihrer Willensfreiheit entstanden, mit der zusätzlichen Gefahr, dass der „Kick" schließlich nicht mehr in der simultanen Stimulation gefunden werden kann, sondern dass Tötungen in der Realität zum Wunsch werden (s. die Amokläufer von Erfurt und Winnenden).
Schwerwiegendste Folgen dieser Triebsucht sind in der Geschichte bei Politikern sichtbar geworden, die zu Diktatoren avancierten. Das süchtige Gieren nach Herrschaft – schließlich über alle Menschen dieser Erde – kann das Ergebnis der vom gesunden Triebziel abgelösten Sucht sein. Die Tötungslust der eigenen Landsleute kann so zu der erschreckendsten Form dieser Sucht führen.
Ein Teil des Selbstbehauptungstriebes ist der Besitztrieb. Blieb er in der Prägungsphase der Zwei- Fünfjährigkeit unzureichend befriedigt (s. „Geheimnis Gehirn"), so kann es zu Kaufsucht oder auch zu Spielsüchten aller Art kommen. Oder ist das Gesamt des Selbstbehauptungstriebes durch rigorose Er-

ziehungsmaßnahmen weitgehend gedrosselt, so entsteht Ordnungssucht, Perfektionismus, Leistungs- bzw. Arbeitssucht und Geiz.

4. **Der gestörte Geschlechtstrieb** bewirkt durch die totale Ablösung von seinem Ziel, der Fortpflanzung, Sexualsucht in einer Fülle von Spielarten und Ersatzbefriedigungen, wozu jegliche Perversionen zu rechnen sind. Eine besondere Gefahr für männliche Jugendliche ist die im Internet spielend leicht erreichbare, breit präsentierte harte Pornografie. Unter Masturbation wird bald süchtig nach härterem Anreiz gesucht, sodass auch hier die Gefahr von Triebtäterschaft ins Blickfeld rückt: zum Quälen, zum Vergewaltigen, ja schließlich zum Drang, Kinder zu einer sie missbrauchenden Ersatzbefriedigung zu benutzen.

Die unzureichende Basispflege der Kinder heute, die Ignoranz, die Überschätzung der Variabilität bei den Pflegeformen in den ersten Lebensjahren während der Konstituierung des Stammhirns (limbisches System) hat die technizistischen Gesellschaften zu einer **SÜCHTIG KRANKEN GESELLSCHAFT** werden lassen. Die Gefahr, einer dem jeweiligen Lebenstrieb entsprechenden Sucht zu verfallen, ist deshalb in unserer liberalistischen Wohlstandsgesellschaft grundsätzlich zu einer naheliegenden Gefahr geworden.
Lange eingebahnte Süchte und die daraus erwachsenden unausgeglichenen Charakterstrukturen sind im Erwachsenenalter lediglich durch Verhaltenstherapie und langfristigen Entzug mit einer lang durchhaltenden Bemühung zu bessern, damit sich der Leidensdruck allmählich mindert.
Die seelische Unausgeglichenheit ist umso gravierender, je früher das schädigende Defizit entstand, je länger die Grundbe-

friedigung des jeweiligen Lebenstriebes verhindert wurde, je mehr verschiedene Lebenstriebe eine unzureichende Grundbefriedigung erfuhren und je weniger und je später ein Nachholen des unzureichenden seelischen Status versucht wird. Außerdem scheint eine eher anfällige oder eher robuste Gen-Ausstattung die Wirkung der Noxen eher negativ bzw. positiv im Sinne einer besseren Resilienz (Widerstandsfähigkeit) zu beeinflussen.

E) Eine Übersicht über die verschiedenen Suchtformen auf der Basis der jeweiligen Lebenstriebe

1. Basis Nahrungstrieb:

Fresssucht, Naschsucht, Nikotinsucht, Alkoholsucht, Stehlsucht, Tablettensucht, Rauschgiftsucht.
(Bei übermächtiger Behinderung des Nahrungstriebes während seines Zeitfensters: Magersucht, Bulimie, weitere Formen von Störungen um die Nahrungsaufnahme. Endzustand in solchen Fällen: Depressivität bzw. manifeste Depression).

2. Basis Bindungstrieb:

Eifersucht, Klammersucht, Sammelsucht (Messie), Neid, Fernweh bzw. Reisesucht, Zulaufsucht auch in Gestalt von Veranstaltungssucht, sowie das Zulaufen zu Banden.
(Bei übermächtiger Behinderung des Bindungstriebes: Spezialisierungssucht, das heißt süchtige Einbahnung eines speziellen Interesses, Rückzugssucht. Mit Endzustand Vereinsamung, Borderlinestörung, Dissozialee Persönlichkeitsstörung).

3. Basis Selbstbehauptungstrieb und Besitztrieb:

Sucht nach Anerkennung (Profilneurosen), Streitsucht, Herrschsucht, Waffensucht, Machtgier, Computersucht mithilfe simulierter Tötungen.
Besitztrieb: Kaufsucht, Spielsüchte aller Art.
(Bei übermächtiger Behinderung der Selbstbehauptung während ihres Zeitfensters entsteht: Ordnungssucht, Perfektionismus, Leistungssucht bzw. Arbeitssucht=Workaholic, Geiz, Zwänge aller Art.)
Selbstverletzungssucht: Nägelkauen, Haare reißen, Einkoten, Ritzen, Selbstmordneigung.
(Manche dieser Symptome überlappen sich und lassen sich dem einen oder anderen der drei der eben genannten Bereiche zuordnen.)

4. Basis Geschlechtstrieb:

Geltungssucht, Verwandlungssucht, Selbstbefriedigungssucht, besonders unter Zuhilfenahme von Pornografie – dadurch Einbahnung von Sadismus, Vergewaltigungssucht und Perversionen.
Bei unzureichendem Umgang mit dem Geschlechtstrieb: Exhibitionismus und andere Formen unbewusster, versteckter, oft psychosomatischer Exhibition, Hypochondrie.

Der so schwerwiegende süchtige Krankheitsstand unserer Gesellschaft macht es nötig, umzulernen:

1. Dadurch, dass man die Ursachen der Grundkrankheiten erkennt und ihnen vorbeugend begegnet. (s.“Die Familie ist unaufgebbar“, „Geheimnis Gehirn“, „Verführt.Manipuliert.Pervertiert.“,„Erziehen lernen“, „Problemkinder brauchen Hilfe“, „Schulnöte“, „Mut zum Erziehen“)
2. Indem man daraus Rückschlüsse über den Sinn des Menschseins in der Schöpfung zieht, um damit Glaubensvertie-

fung zu erwirken, und indem eventuell sogar durch eine Arbeitshypothese eine Bereicherung der Theologie möglich werden könnte. Diese beiden eben genannten Aspekte sollen jetzt anschließend behandelt werden.

F) Eine kleine Pädagogik über die Vorbereitung zu seelischer Gesundheit

Die Kenntnisse zur Voraussetzung seelischer Gesundheit, und das heißt, die Verhinderung lebenslänglicher Beeinträchtigungen, sind heute vermutlich sogar weniger gewährleistet als bei den Frühmenschen. Heute wird sogar instinktives Empfinden so weit zurückgedrängt, dass dies nur noch bei einigen bayerischen Bergbauernfamilien ohne TV und PC erhalten sein mag. Das ist verhängnisvoll. Im Allgemeinen sind ideologische Fehlvorstellungen und uneinfühlsame Fehlinformationen (oft sogar von Fachleuten) an die Stelle der Empfindungswelt und des gesunden Menschenverstandes getreten. Sogar das bewährte pädagogische Wissen für Klein- und Schulkinder, das vor allem recht erfolgreiche Ansätze in der ersten Hälfte des 20. Jahrhunderts entwickelt und erfolgreich erprobt hatte, sind unter einem destruktiven Mainstream in ubiquitären familien- und kinderfeindlichen Tendenzen ausgeschaltet worden. Es keimt aber die Möglichkeit auf, dass durch die pandemisch verbreiteten Auswirkungen, die durch die verheerend falsche Pädagogik besonders im Hinblick auf die Babys entstanden sind, das so dringend notwendig Richtige klarer hervortritt. Es entsteht so eine neue Chance zur Korrektur, die sich durch die Ergebnisse der neuen Hirn- und Hormonforschung vergrößert. In einem kleinen Katalog sollen deshalb die zwingend notwendigen Erziehungsmaßnahmen, wie sie sich den vier

Triebphasen zuordnen lassen, aufgelistet werden. Um in den entsprechenden Zeitfenstern ihrer Konstituierung den späteren effektiven Umgang mit den vier großen Lebenstrieben zu gewährleisten, sind folgende Maßnahmen unumgänglich:

Während der Konstituierung:

1. **des Nahrungstriebes** (vom 1.-6. Lebensmonat des Kindes): Das Anlegen des Kindes sobald wie möglich nach der Geburt. Vermittlung der Erstmilch (Kolostrum) als Immunschutz am besten durch Ersaugen. Stillen mit der alleinigen Ausrichtung nach dem Bedarf des Kindes, immer wenn es sich meldet. Das Kind sollte nicht schreien gelassen werden, etwa mit dem Ziel, eine von außen aufgenötigte Zeitabfolge der Nahrungsaufnahme zu erzwingen. Jegliches Zufüttern sollte in den ersten sechs Monaten vermieden werden. Frühestens ab dem ersten Halbjahr kann zugefüttert werden.
Das Tempo des Abstillens sollte vom Kind bestimmt werden. Die Zeitspanne dazu ist individuell sehr verschieden. Manche Kinder sind bereits gegen Ende des ersten Lebensjahres an der Brustnahrung nicht mehr interessiert. Viele brauchen bis ins zweite Lebensjahr hinein noch einen abendlichen Nachschlag, gewissermaßen als eine Sicherheitsbekräftigung. Ein lang dauerndes Ausschleichen des Stillens ist deshalb sehr positiv zu bewerten. Je länger gestillt – so bestätigt eine australische Langzeituntersuchung – umso motivierter zum Schullernen erwiesen sich diese Kinder als zehnjährige Schüler. Entscheidend ist, dass das Bedürfnis des Kindes den Takt angibt. Bei befriedigender Handhabung werden Kinder nicht zu Daumenlutschern. Selbst der Schnuller ist dann überflüssig.

2. des Bindungstriebes:
Eine vorrangige Betreuung des Babys durch die leibliche Mutter während der ersten Lebensjahre ist die beste Gewähr für spätere seelische Ausgeglichenheit. Die Beteiligung naher vertrauter Bezugspersonen, besonders des Vaters, sind möglich, aber nicht unter Ausschluss der Mutter. Auch nur kurzfristige Trennungen in den ersten beiden Lebensjahren sollten ohne Not nicht erfolgen, da sie Trennungstraumata hervorrufen können, die lebenslänglich eine erhöhte Angstbereitschaft zur Folge haben können.

3. des Selbstbehauptungstriebes:
Diese, sich über die Vorschulzeit hinziehende Phase bedarf der Erkenntnis, dass das Kind per Zeitfenster seinen Platz in der Welt, infolgedessen zunächst in der familiären Gemeinschaft, später auch im Kindergarten bzw. in der Kita zu finden sucht. Mithilfe der Erstarkung seines Ego sucht es sich durchzusetzen. Die Erziehenden sollten dem Kind deshalb einen angemessenen Spielraum gewähren. Das muss an erster Stelle stehen. Allerdings müssen sie dem Durchsetzungswillen des Kindes auch in einer angemessenen Weise Grenzen setzen. Wenn die Masse der Verbote – womöglich mit Gewalt erzwungen – das Gewährenlassen übersteigt, so wird das Kind – meist lebenslänglich – oft schwer beeinträchtigt. Konsequenz der Verbote ist hilfreich und erleichtert dem Kind die Überwindung zur Folgsamkeit, was seinem Sicherheitsbedürfnis ebenfalls entspricht, weil es den ihm notwendigen Schutz gewährleistet.
Eingewöhnung in Geschwisterschaft – und wenn nicht vorhanden – vom dritten Jahr ab in gleichaltrigen Kindergemeinschaften kann die Sozialisation fördern. Aber auch hier sollte der jeweilige Reifestatus des Kindes die Richtschnur sein, nicht eine von außen gesetzte Norm. Geschwister im Abstand von

zwei bis drei Jahren können als Verwöhnungsverhinderer und als ausreichende Sozialisationsförderer agieren.

4. des Geschlechtstriebes:
Im Zeitfenster der Vier- bis Siebenjährigkeit braucht das Kind in einer spezifischen Weise erwachsene Vorbilder zur Vorbereitung seiner geschlechtsspezifischen Identität. Es braucht dazu als Junge und als Mädchen jeweils ein geschlechtsspezifisches Vorbild, mit dem es sich identifizieren kann. Außerdem braucht das Kind in dieser Phase – eine vorübergehende vorerotische Tönung bewirkt das – ein gegengeschlechtliches Vorbild als Vorbereitung für ein späteres Angezogensein durch das andere Geschlecht. Im besten Fall fungieren die Eltern in dieser Vorbildfunktion.
In der Pubertät braucht der junge Mensch darüber hinaus verbale Informationen über den Sinn seiner Geschlechtlichkeit, um den Vollzug bis zur Ehe aufschieben zu können.

G) Theistische Reflexionen

1. Der phylogenetische Entwicklungsprozess

Die biologische Basis des Menschen bedarf – nachdem sich der präfrontale Kortex in der Vorschulzeit des Kindes ausgebildet hat – einer seelisch-geistigen Ausgestaltung, die den Sinn der Schöpfung Mensch zum Tragen bringt. Dazu kann eine theistische Arbeitshypothese hilfreich sein. Auch die Einbeziehung der Phylogenese scheint mir für eine solche theologische Sichtweise vertretbar.
In bildhafter Sprache ist der Entwicklungsprozess der Schöpfung in der Bibel, Mose, Vers 1-17, dargelegt. Diese Aussage entspricht paläontologischer und biologischer Forschung, soweit es als erwiesen gilt, dass die Lebewesen der Erde sich

in der Konfrontation und unter partieller Anpassung an die jeweils verschiedenen Lebensbedingungen ihres Umfeldes in einem langen Zeitraum in milliardenhafter Vielgestalt mithilfe von Mutation und Modifikation entwickelt haben – von den Einzellern bis zu höchst komplexen Säugetierformen.

Diese Vielfalt der Ausgestaltung vollzog sich im Rahmen einer erforschbaren Naturordnung in jeweils entsprechenden Naturgesetzlichkeiten, so fügt es die naturwissenschaftliche Forschung der apodiktischen Aussage der Genesis hinzu.
Mit seinen vier basisbildenden Lebenstrieben ist auch der Mensch in seiner ersten Lebenszeit in Triebstrukturen eingebettet, wie sie für höhere Tierarten gelten, und deshalb sind sie in diesen Bereichen partiell nicht nur vergleichbar, sondern im Hinblick auf das daraus resultierende Verhalten des Menschen auch erforschbar.
Anders aber als selbst der am höchsten entwickelte und optimal gepflegte Jungaffe ist der Mensch von Anfang an mit einem mit den Tieren letztlich nicht vergleichbaren Gehirn ausgestattet, das vermutlich – nach der Konstituierung des den Lebenstrieben zuzuordnenden limbischen Systems sowie mit der erst danach erfolgenden Ausgestaltung des präfrontalen Kortex – samt einer gigantischen Funktionalität jeglichem Tierhirn weit überlegen ist. Durch die Möglichkeit zur Reflexion z. B. wird eine bei Tieren nicht mögliche Form der Freiheit und des einsichtigen Lernens an der Erfahrung vorbereitet. Diese spezifisch menschliche Begabung hat zur Kultivierung und zur Technisierung der Menschheit führen können, damit aber auch zu mehr Möglichkeiten von Grenzüberschreitungen seiner nie löschbaren Eingebundenheit in die Natur, besonders der noch naturgesetzlichen Eingebundenheit während der frühkindlichen Phase zur Zeit der Ausgestaltung des limbischen Systems.

2. Der Mensch – ein Schöpfungsakt Gottes

Aus theologischer Sicht ist die Schaffung des Geschöpfes Mensch als ein Schöpfungsakt Gottes erfolgt (laut Genesis aus Erde, 1.Mose 2,7), eine Tat mit einer allein auf den Menschen bezogenen Zielsetzung: Dieses Geschöpf soll seine zunächst dominante Eingebundenheit in die Natur mithilfe seines ausreifenden Bewusstseins überschreiten, geleitet durch eine immaterielle Beigabe Gottes, die jedem Menschenkeim (laut Genesis als „Hauch") zuteil wurde. Es ist der Geist Gottes, der seinem Geschöpf die Möglichkeit schenkt, selbstlos zu lieben, sodass nicht mehr die Natur allein die Motive seines Handelns bestimmt, sondern die Agápe (1.Mose 2,7).

Die Theologie verwendet für die Erkenntnis über diese sich aus einem Ahnen herausschälende Wesenheit des Menschen die Metapher, dass der Mensch nach dem „Ebenbild Gottes" geschaffen sei (1.Mose 1,27), was bedeutet, dass der Sinn seiner Existenz darin besteht, diesem Geist der Liebe den höchsten Rang in seinem Lebensstil bei seinen Entscheidungen einzuräumen. Der Mensch, aus Erde gemacht und ihr unterworfen und dazu mit Freiheit der Entscheidung ausgestattet (1.Mose 2,17), soll in jedem Einzelleben neu und auf individuelle Weise diesen Plan Gottes mit den Menschen auszuführen suchen – als ein Weg zu optimaler persönlicher Ausgestaltung seiner Begabungen, zu seinem persönlichen Glück, seiner persönlichen Erfüllung, zu seinem persönlichen Seelenfrieden.

3. Zwischen Gesetz und Freiheit

Doch das ist ein sehr hohes Ziel. Es ist so ohne weiteres gar nicht möglich. Der Mensch muss dazu eine sehr hohe Bewusstseinsstufe seiner Einsicht erreichen. Schon das Scheitern an der Basis, während die Natur noch das Sagen hat, ist tausendfältig gegeben, wie der beklagenswerte Zustand unserer süchtig gewordenen Welt zeigt. Aber darüber hinaus ist der Mensch doch – so anders als jedes Tier – derart frei, dass ihm viele verschiedene Wege und Lebensformen möglich zu sein scheinen. Als eine erste Voraussetzung auch nur zum Anpeilen dieses Zieles Gottes mit der Schaffung des Menschen muss er seine Eingebundenheit in die Schöpfung begreifen, und erkennen, dass das neugeborene Kind während der Konstituierung des Gehirns und der Zeitfenster der Lebenstriebe auf Gedeih und Verderb in die Naturgesetze eingebunden, ja, von der präzisen Erfüllung dieser, unter Mithilfe des Umfeldes, abhängig ist!

Damit hier Aussicht auf gesunde Entfaltung entstehen kann, verfügt eine gesunde Mutter zwar über eine diesen Naturbedürfnissen des Kindes entsprechende Passung, durch situationsentsprechende Hormonausschüttungen, die es ihr möglich machen, ihr Neugeborenes ähnlich „tierhaft" liebevoll zu pflegen wie die höheren Säugetiere auch. Aber gleichzeitig ist sie ein erwachsener Mensch mit einem ausgereiften Gehirn. Sie kann auch Entscheidungen treffen, die diesen natürlichen Vorgaben in ihr selbst nicht entsprechen. Sie kann sich als ein lernfähiger Mensch davon abhalten lassen, sich von ihrem natürlichen Gefühl leiten zu lassen, z.B. durch unnatürliche Pflegeanleitungen, durch ausgedachte Fehlvorstellungen, durch Verführung, wie es der Feminismus seit ca. 60 Jahren versucht oder durch die neue Ideologie des „autarken Kindes".
Das ist grundsätzlich die tragische Situation von Gott Vater mit seiner Kreation Mensch – und auf diesem Sektor in einer sein Geschöpf besonders gefährdenden Weise; denn ohne die natürliche Ausgestaltung der Basis besteht die Gefahr, dass die sich per Teufelskreis vermehrenden frühen Defizite so verstärken, dass der Status freier Willensentscheidung und einsichtiger Vernunft unzureichend erfolgt, sodass falsche Entscheidungen

gefällt bzw. durch Suggestion und Indoktrination ungefiltert zugelassen werden können.
Das ist eine besonders destruktive Variante der grundsätzlichen Gefahr des Menschen: den Schutzraum Gottes zu verlassen und selbstherrlich sein Leben allein in die eigene Hand nehmen zu wollen. Das pflegt den Menschen grundsätzlich zu überfordern, zumal es ihm auf Grund seines differenzierten Gehirns möglich ist, sich durch bewusste Fehlentscheidungen sogar auf das Feld des Bösen, in den Ungeist der Vernichtung zu begeben – meist aus Neid, so wie Kain und damit – anders als jedes Tier – in die Gefahr zu geraten, Angehörige der eigenen Spezies sogar absichtlich zu töten (1.Mose 4,8).
Deshalb hat der himmlische Vater, der jedes einzelne Geschöpf Mensch, anders als jedes andere, handverlesen geschaffen hat, es vor 2000 Jahren für unumgänglich gehalten, sich zu inkarnieren, um in der Gestalt von Jesus Christus seine eigene Wesensart und sein Ziel mit der Kreation Mensch derartig direkt zu vermitteln, dass damit eine verstärkte Entscheidungshilfe für den erwachsenen Menschen mit einem gesunden Gehirn grundsätzlich möglich werden kann.
Mit Gottes Menschwerdung in Gestalt von Jesus Christus wurde der Menschheit aber nicht allein ein verbaler Katalog von Richtlinien zu erfüllter Lebensgestaltung vermittelt, sondern ER hielt es für unumgänglich, diese seine Zielrichtung mit dem Menschen ganz direkt vorzuleben, und zwar mit dem Einsatz seines Lebens aus Liebe für die Nächsten bis zur totalen Aufopferung am Kreuz.
Was der Schöpfer dem Menschen – diesen Vorgängen entsprechend – durch seine Worte und seine Taten wissen ließ, habe ich versucht, in direkter Rede darzustellen:
„Ich bin der dich rückhaltlos Liebende. Darin folge mir nach! Bemühe dich, der du wie die höheren Tiere aus dem Frucht-

wasser geboren wirst, als reifer Mensch um eine Einstellungsänderung – um ein erneutes Geborenwerden. Gewissermaßen mitten im „Wasserstatus“ deiner Geschöpflichkeit soll der Geist in dir dominant werden (Joh 3, 50); denn sonst bleibst du der Mächtigkeit der Natur in dir selbst verhaftet, und wenn du sie nicht sehr sorgsam beachtest und sie gleichzeitig zähmst, damit sie dir als unumgängliche Grundbasis dient, rächt sie sich. Du gerätst dann in ihre Fallen und endest damit, dass Süchte beginnen, dich zu beherrschen und dich in die Irre zu führen. Schließlich bist du ihnen so lange ausgeliefert, bis sie dich auffressen.

Versuche dich stattdessen an den ‚Hauch' zu halten, den ich dir eingab. Mit dem ‚Hauch der Liebe' hast du eine Richtschnur. Aber die Natur ist viel zu mächtig in dir, und das ist zunächst nicht anders möglich, weil ich dich als ein Wesen aus Wasser, aus Natur, aus Erde und damit in der Natur und an sie hingeliefert, geschaffen habe, in der Hoffnung und mit dem Ziel, dass du über all deinem zunächst ganz dominanten Tier-sein den Hauch von mir in dir nicht vergisst und ihn aktivierst; denn ich habe dich als den Versuch geschaffen, dass EIN Geschöpf in meinem großen Schöpfungswerk auf dem grünen Planeten nicht allein naturverhaftet bleibt. Ich will dich, Mensch, als eine Verwirklichung meiner Wesensart in dir sehen, obgleich du mit Seele und Leib mitten im Herrschaftsbereich der Natur stehst. Aber ich will, dass sie dich während deines Lebens allmählich immer weniger beherrscht, dass es nicht so bleibt wie an deinem Lebensanfang und in deiner Werdezeit, in der dich die Natur noch dominiert hat.

Ich will, dass du, wenn du reif geworden bist, bewusst freundlich mit ihr umgehst, wie es ihr und deiner ihr unterworfenen Leiblichkeit gebührt: Aber sie soll in dir – als der Krone meiner Schöpfung und anders als bei allen Tieren – letztlich nicht

mehr sein als der Grundstock deines Lebens. ICH will, dass du IN der Welt (= in der Natur), aber nicht lebenslänglich VON der Welt (= von der Natur) bleibst.
Doch mein Hauch in dir ist zart. Immerhin lässt er dich mich ahnen. Mehr aber auch nicht; doch dieser Hauch bin ich in meiner ganzen Wesenheit. Diese drängt sich nicht auf, sie lässt dich frei; denn du bist auf Freiheit hin geschaffen, was leider aber auch all die Fehlentscheidungen erleichtert, denen du dich immer neu unterwirfst; die schrecklichste besteht darin, dich aus lauter Dummheit von mir loszumachen! Aber du kannst deine Probleme nicht allein bewältigen, dazu bist du zu anfällig für die Sünde; denn die Natur in dir ist ein Riese!
Damit mein Hauch, die Liebe, in deinem Leben wirklich das Sagen bekommt, brauchst du fortgesetzt meine Nähe, brauchst du immerfort Zufuhr an Kraft durch MICH!
Ich habe sie dir deshalb am Kreuz als immer neue Möglichkeit der Erlösung von all den Taten, in denen du falsche Entscheidungen getroffen hast, geschenkt und darüber hinaus hast du meine Zusage: Ich bin wirklich bei dir, bis an der Welt Ende, (Mt 28,20) aber rufen musst du mich schon, wenn du aus dem Vor-dich-hin-stolpern herauskommen willst...."

Für den richtigen Umgang mit unseren Lebenstrieben, speziell während deren Konstituierung in der ersten Lebenszeit der Kinder, bedeutet das: Wir müssen kraft unserer Liebe zum Kind der Natur geben, was der Natur gebührt, damit sie für uns nicht zu einer dämonischen Macht wird. Auf einer gesunden Triebbasis aufbauend kann während der Phase bewusster Sinnfindung, in der Adoleszenz eine verbale Glaubensinformation, ein Verstehen des Evangeliums und eine ethische Orientierung angebahnt werden. Der Auftrag jedes einzelnen Menschen in der Schöpfung kann als eine geistige Zuordnung vom jungen Menschen ahnbar werden.

4. Der Sinn unverschuldeten Leids

Der Sinn menschlichen Lebens im Schöpfungsgeschehen lässt sich so zwar plausibel erklären, bedarf aber der drängenden Frage nach dem Sinn unverschuldeten Unglücks. Es ist eine den Leidenden quälende Frage: Warum bürdet Gott mir ein so schweres Schicksal auf?

Es gibt in der Bibel ein Buch, das den Hintergrund unseres Menschenlebens erläutert und damit gleichzeitig die Frage nach dem Sinn des Leids beantwortet, und das ist die Erzählung von Hiobs Leidensgeschichte. Sie kulminiert in einer direkten Ansprache Gottes an den schwer bedrängten Hiob und führt einen Aspekt an, dem im anthropologischen Abschnitt zuvor noch nicht nachgegangen worden ist: In mythischen Bildern wird unverblümt ausgeführt, dass der Schöpfer einen mächtigen Gegenspieler hat, der den Schöpfungswillen Gottes von Anfang an zu begegnen und zunichte zu machen sucht. Satan, der Lügner von Anfang an, will die Rückführung des im Morgenrot leuchtenden Lichts, den ersten Schöpfungsakt, will die Rückkehr in die ungestaltete Finsternis, und als Hauptanschlag die Vereinnahmung des der Natur unterworfenen und damit anfälligen Menschen durch die Vernichtung des „Hauchs Gottes“ in ihm, mithilfe seiner Versuchungen und Schwächungen, sodass der Mensch im Bann verzweiflungsvoller Finsternis seinen Halt, das Band zu Gott, loslässt und damit dem Tod in seiner materiellen Dominanz anheim fällt.

Bei Hiob wird das als ein Kampf Satans um den Menschen dargestellt, den der Schöpfer nicht verhindern will; denn seine Schöpfung – so wird in mythischen Bildern ausgeführt – ist auf die Freiheit seiner Geschöpfe angelegt. Er hofft aber, dass in gläubigen Menschen die Treue zu Gott trotz finsterer Bedrängnisse obsiegt.

Diese Geschichte hat deshalb einen so hohen Erkenntniswert, weil in Gottes Antwort aus dem Wetter an Hiob in Bildern nicht nur eine Legitimation des Leids im Menschenleben erfolgt, sondern diesem Menschen, der die Gottesprobe bestanden hat, Aufklärung über das Schöpfungsgeschehen vermittelt wird, die eine Entsprechung und Vertiefung des eben dargelegten anthropologischen Ansatzes abgibt. Diese tiefen umfänglichen Erklärungen über das Wesen der Schöpfung machen dem hadernden Hiob einerseits sein Unvermögen, urteilen zu können, deutlich und damit das Ungerechte seiner Klage, machen andererseits aber deutlich, dass die Schöpfung im innersten Kern ein Werk gegen das Chaos und gegen die Dominanz der ungestalteten Materie ist. Das Chaos ist aber nicht beseitigt, es ist nur gebannt; der Sinn der lebendigen Geschöpfe besteht in fortwährenden, gesteigerten Bannungsprozessen gegen das Ungestaltete (Hiob 38, 16-18), gegen die tote Materie schlechthin.

Hierin kann, vielmehr sollte jeder Mensch Gottes Knecht sein, im Grunde ist er es bereits, indem er als ein gestaltetes Wesen in dieses Leben hineingeboren wird (Hiob 18 –21). Deshalb ist der Sinn des Lebens bereits erfüllt, wenn wir dieses Leben durchstehen, ohne zu verzweifeln, ohne „Gott abzuschwören“; denn damit ist unser Leben ein Körnchen Sand im Reich Gottes gegen das Nichts, gegen das Ur-Tohuwabohu.

Allerdings ist hier im Hiobdrama die Frage nach der Schuld im Menschenleben kein Thema; denn Hiob hat doch gerade in Treue zu Gott ein untadeliges Leben geführt.

Das soll allerdings nicht heißen, dass die Bibel das Phänomen der Schuld verkleinert. Sie macht uns in manchen Geschichten in der vielfältigsten Weise deutlich, wie sehr der Mensch im Status bewusster Entscheidungsmöglichkeit durch Eigenmächtigkeit in schwere Treulosigkeit gegen Gott, in Abgetrenntheit von ihm und damit also in schwere existentielle Schuld geraten kann, die der Einsicht und Umkehr, eben der Buße bedarf. In solchen durch eigene Schuld hervorgerufenen Situationen hat die Frage: „Mein Gott, warum hast Du mich verlassen, wozu muss ich diese Qual erdulden?“ (anders als bei Christus am Kreuz) wenig Berechtigung, es sei denn, dass mit dieser Klage der Wille zur Umkehr eingeschlossen ist.

Nach allem bisher Gesagten sollte es deutlich geworden sein: Hat der Mensch eine Bewusstseinsstufe erreicht, in der ihm sinnvolles oder sinnloses, gutes oder böses gegen Gott gerichtetes Handeln erkennbar wird, so befindet er sich im Status der Selbstverantwortung.

Deshalb bleibt die Frage: Wie lässt sich ein unverschuldetes Unglück, ein Schicksalsschlag durch lebensbedrohliche Krankheit, der Tod naher Angehöriger und das Erleiden von Naturkatastrophen mit der Vorstellung eines gütigen, liebenden Gottes vereinbaren?

In der Passionsgeschichte von Jesus Christus wird dem fragenden Menschen darauf letztgültige Antwort zuteil, denn nur ER kann unser Leid dadurch tragbar machen, dass ER es selbst mit uns und für uns durchsteht, es uns vorlebt und vermittelt. Das Durchhalten der Schicksalsschwere verheißt mit Christus Sieg über den Tod.

Schon bei Hiob wird uns in bildhafter Sprache diese Antwort zuteil. Und es wird hier Satan als der Gegenspieler Gottes direkt ins Spiel gebracht. Der Geist des Bösen hat das Ziel, sich der Seele dieses gottgetreuen Menschen zu bemächtigen. Diabolos hofft, dass der Gequälte seinen Glauben aufgibt, nachdem sein Leid überdimensional geworden ist.

Im Aufhalten des Chaos kann, vielmehr sollte sich jeder Mensch in durchhaltendem Gottvertrauen bewähren, ohne zu verzweifeln.

Das Leid ist eine Folge solcher Konfrontationen und daher, wie bereits am Anfang der Geschichte in den Worten Satans angedeutet wurde, immer eine Prüfung, eine Versuchung, eine Probe, die Gott den Menschen nicht ersparen kann. Denn Gott hat den Menschen nach seinem Ebenbild und deshalb als freien Mitarbeiter in seiner Schöpfung geschaffen.
Die Rede Gottes an Hiob lässt sich also begreifen als der Versuch des Schöpfers, dem im Leid gottgetreuen Hiob dieses „Warum? Warum mir dieses Unglück?“ verständlich zu machen. Es soll als ein sich im Menschen verwirklichendes Ringen gegen das Ur-Tohuwabohu verstanden werden, als ein Durchhalten der Gottesnähe, des gestaltenden Geistes gegen die Urmacht ungestalteter Materie.
Der Auftrag des Menschen besteht darin, das von Gott dem Chaos Abgerungene und zur Gestalt Gebrachte zu erhalten und es schöpfergleich, liebevoll und einfallsreich mitzugestalten. Tatkräftiges liebevolles Leben bedeutet deshalb bereits in sich allerhöchste Sinnerfüllung des Lebens.

5. Behemoth – Nahrungs- und Geschlechtstrieb

Indem der Schöpfer dem Hiob schließlich die Ungeheuer „Behemoth“ und „Leviathan“ vorstellt, vermittelt er dem Leidenden mit diesen Symbolen einen besonders tiefen Einblick in das Wesen seiner Schöpfung und in die Ursachen der Nöte des Leidenden. Die Exegeten haben mit der Ausdeutung dieser beiden Riesentiere anscheinend bisher ihre Schwierigkeiten gehabt. Vom Nilpferd ist da in den Erklärungen manchmal die Rede oder auch vom Krokodil. Aber wenn man die Beschreibungen liest, wird deutlich, dass die Gestalten von Leviathan und Behemoth nur teilweise auf die spezifische Eigenart dieser Tiere zutreffen. Hier ist offenbar mehr und zwar Symbolisches gemeint.

Einige dieser herrlichen Verse seien zitiert:

> „Siehe da den Behemoth, den ich neben dir gemacht habe, er frisst Gras wie ein Ochse. Siehe, seine Kraft ist in seinen Lenden und sein Vermögen in den Sehnen seines Bauches.... Er ist der Anfang der Wege Gottes, der ihn gemacht hat, der gab ihm sein Schwert... Er liegt gern im Schatten, im Rohr und im Schlamm verborgen. Das Gebüsch bedeckt ihn mit seinem Schatten, und die Bachweiden umgeben ihn. Siehe, er schluckt in sich den Strom und achtet's nicht groß; lässt sich dünken, er wolle den ganzen Jordan mit seinem Munde ausschöpfen. Fängt man ihn wohl vor seinen Augen und durchbohrt ihm mit Stricken seine Nase?“ (Hiob 40, 15-24)

Nein, das ist unmöglich für den schwachen Menschen, sagt Gott; denn Behemoth – so erklärt er – ist der Anfang der Wege Gottes. (Hiob 40, 19) Worum kann es sich bei diesem Urbild also handeln? Tiefenpsychologische Symbollehre kann hier helfen:
Behemoth ist das Sinnbild des Nahrungstriebes und der Sexualität! Behemoth ist in sich mächtig und gewichtig: „Er frisst Gras wie ein Ochse, seine Kraft ist in seinen Lenden und sein Vermögen in den Sehnen seines Bauches.“(Hiob 40, 15-16) Er ist die Voraussetzung der Inkarnation des göttlichen Geistes in die Menschen. Deshalb heißt es: „Er ist der Anfang der Wege Gottes.“
Gott schildert auf diese Weise die Mächtigkeit der Natur mit ihren zwei wesentlichen Triebbereichen, die auch für den

Menschen noch absolut gelten. Laut Genesis ist der Mensch aus „Erde“ gemacht, das will heißen: Auch er ist zum Teil noch von den Gesetzen der Natur beherrscht, wenn ihn auch Gottes Anhauch mit dessen Geist, mit seiner Ebenbildlichkeit begabt hat. Davon aber ist hier nicht die Rede. Es geht hier eben um die Erde in uns Menschen selbst, um die Unausweichlichkeit der Naturgesetze, denen wir auch als Menschen unterliegen.

Diese Deutung vermag einen Bogen zu schlagen zu der Darlegung der Grundlebenstriebe am Anfang des Kapitels. In der Tat: Wie viel Behemoth, wie viel rohe, mächtig dominante, rein tierische Energie steckt in jedem, sogar auch noch in jedem erwachsenen Menschen!

Die Gefährlichkeit Behemoths für den Menschen liegt in der Trägheit, die von diesen Naturkräften ausgeht, wenn sie zu sehr vorherrschen. Behemoth kann die Kräfte des Menschen verschlingen und einsaugen wie den Lebensstrom, wie einen ganzen Jordan. Deshalb heißt es: „Er liegt gern im Schatten und Schlamm (!). Siehe er schluckt in sich den Strom und achtet‘s nicht groß.“ (Hiob 40, 22 u. 23) Wie sehr trifft das auf uns nach 50 Jahren Wohlstand zu! Die „sieben fetten Jahre“ bedeuten grundsätzlich eine Gefahr, in die Ur-Trägheit zurückzufallen, im wahrsten Sinne des Wortes „fett, faul und gefräßig“ zu werden!

Diese gewaltigen Triebe unserer Natur lassen sich aber auch nicht bewältigen, indem man ihnen einen Ring durch die Nase zieht! (Hiob 40, 24-32) Die angemessene Einstellung des Menschen zu Behemoth heißt: Ehrfurcht und Kenntnis, Einsicht in die eigene Ohnmacht, Bemühung um ein gutes

Maß – statt drastisch hochmütige Manipulationen, wie wir sie heute in Sexgeheul oder Modezwängen zu sehen bekommen! Man denke nur an die Barbarei der Kraftvergeudung durch die enthemmte Sexualität oder in Bezug auf den Nahrungstrieb die Maßlosigkeiten bei der Nahrungsaufnahme, beim Alkohol oder etwa bei den lächerlichen Versuchen, Behemoth durch Schlankheitsideale bezwingen zu wollen!

6. Leviathan – Symbol des Selbstbehauptungstriebes

Die direkteste Antwort erhält Hiob auf die Frage nach dem Sinn seines Leids durch die Beschreibung des Leviathans. Dieses Ungeheuer ist zwar auch „wohlgeschaffen", aber es steht dennoch nicht im vollen Einklang mit Gott, und die Freiheit der gesamten Schöpfung bedingt, dass der Mensch neben Leviathan leben muss, ohne die Kräfte zu besitzen, ihn zu bezwingen. Leviathan ist ein Symbol für die noch von der Materie beherrschte Natur in all ihrer erbarmungslosen Gewalt in uns und um uns.

Einige Textpassagen aus Kapitel 40/41:

> „Kannst du Leviathan ziehen mit der Angel und seine Zunge mit einer Schnur fassen? Kannst du ihm eine Angel in die Nase legen und mit einem Stachel seine Backen durchbohren? Meinst du, er werde dir viel Flehens machen oder dir heucheln? Meinst du, dass er einen Bund mit dir machen werde, dass du ihn immer zum Knecht habest?....Wenn du deine Hand an ihn legst, so gedenke, dass es ein Streit ist, den du nicht ausführen wirst. Siehe, die Hoffnung wird jedem fehlen; schon wenn er seiner ansichtig wird, stürzt er zu Boden!" (Hiob 40,25-32,41,1)

Dieser Leviathan ist der verschlingende, der zerstörerische Aspekt der Natur, das Symbol der Aggression, der Todesmacht:

> „Wer kann die Kinnbacken seines Antlitzes auftun? Schrecklich stehen seine Zähne umher... Sein Herz ist so hart wie ein Stein, und vor ihm her hüpft die Angst.“(Hiob 41,6,16-17)

Die Schrecken der Natur als leidenschaftliche, zerstörerische Aktionen wie Naturkatastrophen, besonders Vulkanausbrüche, aber auch wie Zorn, Hass, Rache, Mord als Folge eines fehlentwickelten Selbstbehauptungstriebes werden als Feueratem und als scharfe Scherben an Leviathans Flanken beschrieben:

> „Aus seinem Munde fahren Fackeln, und feurige Funken schießen heraus. Aus seiner Nase geht Rauch wie von heißen Töpfen und Kesseln. Sein Odem ist wie lichte Lohe, und aus seinem Munde gehen Flammen... Unten an ihm sind scharfe Scherben; er fährt sie mit einem Dreschwagen über den Schlamm. Er macht, dass der tiefe See siedet wie ein Topf, und rührt ihn ineinander, wie man eine Salbe mengt. Nach ihm leuchtet der Weg; er macht die Tiefe ganz grau. – Auf Erden ist seinesgleichen niemand, er verachtet alles, was hoch ist; er ist ein König über alles stolze Wild“, beendet Gott seine Rede. (Hiob 41,11-26)

Solchen Mächten also ist der Mensch ausgeliefert, und wir empfinden das gerade in Situationen, die wir als unabänderlich erkennen: bei Erdbeben und Vulkanausbrüchen, aber auch in Zuständen unheilbarer Krankheit oder in der Konfrontation mit charakterlichen Abartigkeiten, wie Hinterlist, Sadismus, Machtgier und Gewalttätigkeit, in unserem eigenen Zorn und anderen leidenschaftlichen und deshalb unberechenbaren

„feurigen“ Gefühlen, im Feuersturm eines Krieges, eines Flugzeugabsturzes, einer Überschwemmungskatastrophe.

Der Mensch in Nöten solcher Art bedarf dringend des Wissens, dass es über diese Gegebenheit bereits im Alten Testament eine Erklärung gibt. Es ist die Rechtfertigung Gottes vor dem sich quälenden Menschen mit dem Argument der Freiheit der Lebensmächte und damit eben auch der Freiheit der dunklen, der von uns als zerstörerisch und böse empfundenen Mächte. Denn wohl hat Gott Macht über Leviathan; dennoch lebt dieser, wie Satan, in der Schöpfung, und er kann, wie Satan den Hiob, die Menschen in furchtbares Leid stürzen. Es ist deshalb ganz unangemessen, Leviathan mit primitiven technischen Mitteln bekämpfen zu wollen. Er ist auch das Symbol des mächtigen Selbstbehauptungstriebes, den der Mensch mit den Tieren gemeinsam hat und der mit Menschenkraft allein gewiss nicht bezwingbar ist.

Deshalb heißt es im Kapitel 41, 18-21:

> „Wenn man zu ihm will mit dem Schwert, so regt er sich nicht, oder mit Spieß, Geschoss und Panzer. Er achtet Eisen wie Stroh und Erz wie faules Holz. Kein Pfeil wird ihn verjagen; die Schleudersteine sind ihm wie Stoppeln. Die Keule achtet er wie Stoppeln; er spottet der bebenden Lanze.“

Unangemessene Kämpfe des Menschen mit Leviathan sind Hochmut. Sie sind letztlich zum Scheitern verurteilt, wie der Kampf der Mediziner gegen den Tod. Alles Materielle ist unumgänglich dem Tod anheimgegeben. Leviathan ist unbezwingbar. Alle Versuche des Menschen, diese Todesmacht der Materie durch Technik zu besiegen, sind letztlich unzureichend. Nur Demut kann gegen Behemoth und Leviathan

Hilfe bedeuten, jener Geist, der ahnt, dass Gott mehr mit ihm vorhat, als ihn der Macht der Natur und des Todes auszuliefern.

Die Existenz des Bösen in der Welt, mancher Leiden und Nöte ist zwar unumgänglich, aber jeder Beweis der Treue zu Gott, zum Geist der Ordnung, hat den Sinn, den Machtbereich der Materie einzuschränken und damit immer neu und immer mehr „Schöpfung zu vollziehen", letztlich daran mitzuwirken, dass Gottes Reich, das Reich der Liebe und der Vorherrschaft des göttlichen Geistes über die Natur und über die Macht des Bösen, des Zerstörerischen, durch unser Leben, durch unsere Treue zu Gott wächst.

7. Der Mensch – Gottes Hoffnung

Sehen wir das Leid des Menschen unter diesem Aspekt, so erhellt sich mit einem Schlag, dass schweres, unverschuldetes Unglück nicht nur eine Probe, sondern sogar eine Auszeichnung sein kann, die Hoffnung Gottes, in seinem „Knecht" Hiob den Baum zu finden, der dem Sturmesanprall des Leviathan, der frei schaltenden rohen Naturmacht, widersteht und damit Gottes Plan vorantreibt. Unter diesem Aspekt kann eine in Geduld ertragene unheilbare Krankheit oder ein unverschuldeter Verkehrsunfall, der zum Krüppel schlug, eine geheiligte Weihe erhalten und einen Sinn aufleuchten lassen hoch über mancher marktschreierischer Tat. Besteht nämlich der Mensch die Probe des Leids und zieht aus ihm die richtige Erkenntnis, wie Hiob, so geht er geläutert aus einer solchen Feuerprobe des Glaubens hervor. Er wird – das besagt der Ausgang der Hiobgeschichte – mit Fruchtbarkeit und Reichtum gesegnet, womit in dieser Bildergeschichte gewiss nicht allein materielles Glück und nur neuer leiblicher Kindersegen gemeint sind.

Die Treue zu Gott und das Erahnen des Sinnes seiner Schöpfung bewirkt, dass die Angst vor Lebens- und Todesnöten den Menschen nicht mehr total beherrscht und damit Anklagen gegen das Leid und Fragen nach der Gerechtigkeit gegenstandslos werden. Denn das Leid, das unser irdisches Leben, das Leviathan uns bereitet, trägt die Chance in sich, den Menschen in dem Maße zu verwandeln und zu läutern, dass ihn „keine Qual mehr anrühren" kann. Im Vertrauen auf Gott und die Zielhaftigkeit seiner Schöpfung wird das Annehmen und Ertragen der Not, besonders auch einer chronischen seelischen Behinderung, als eine sinnträchtige Prüfung, als eine für Gott dringliche große Leistung möglich. Sich in Leid und Not an die Sinnlosigkeit aufzugeben, das allein besagt, vergeblich gelebt zu haben. In solchen Fällen schlägt das „Chaosmeer" in der Tat über dem Menschen zusammen.

In der Freiheit, sich für Gott zu entscheiden, steht auch immer die Frage, ob wir diese Entscheidung im unumgänglichen Leid des Lebens durchhalten, ob wir uns selbst und damit Gott treu bleiben.

Im Aushalten der Not steht eine Verheißung, die in den Apokryphen direkt ausgesprochen wird: „Die Finsternis wird vernichtet, unaufhörlich wird Licht sein, Leviathan wird zerteilt und aufgegessen" (Hen 58,6).

Not, Verzweiflung und neue Hoffnung, das heißt seelisches Absterben und seelische Erneuerung, sind die Voraussetzungen zur allmählichen Einverleibung der Naturmächte in eine allumfassende Geisteskraft. Über die Notwendigkeit zum Durchhalten hinaus können wir auch heute noch an den Bildern der Rede Gottes aus dem Wetter lernen, wie das göttliche Wertsystem zu verstehen ist. In der Hierarchie der Schöpfung steht die Treue zu Gott über der Ur-Trägheit, der Geist über der Materie, das Ringen um geistige Formung und Entscheidung über einem ununterschiedenen Pluralismus. Leviathan verachtet alles, was hoch ist, und das heißt, was das Übernatürliche berührt. Aber der schönste Lohn des Durchhaltens heißt: Wie Hiob eine direkte Nähe Gottes erfahren zu dürfen, wenn man in der Schicksalsnot den Glauben nicht aufgibt.

Das Neue Testament bringt uns in der Gestalt Christi die konkrete Erkenntnismöglichkeit, wie wir uns diesem Ziel – der Überwindung des Chaos – annähern können. Nur durch den Geist der Liebe können wir gegen Behemoth und gegen Leviathan hier auf der Erde zu leben versuchen. Deshalb heißt die endgültige Antwort: praktizierte Liebe in Christus bis zum Kreuz, Sieg über die Materie durch die freiwillige Hingabe des Lebens an die erbarmungswürdige Menschheit mit und durch Christus. Deshalb ruft er uns mit Recht zu: „Ohne mich könnt ihr nichts tun" (Joh 15,5), und „Wer an mich glaubt, wird leben, selbst wenn er gestorben ist (Joh 11, 25).

In der Kirche gibt es eine lange, sinnträchtige Tradition, das eigene Lebensleid, besonders auch ein sich hindehnendes schmerzreiches Sterbelager als eine konstruktive Tat in der Nachfolge Christi zu verstehen, als eine Sühne für Unzureichendes, für Schuld im eigenen Leben, doch nicht nur für sich allein, sondern auch als liebende Hingabe für andere, für lebende oder bereits verstorbene Angehörige, nahe Menschen oder Gemeindemitglieder – ein Opfer, das den Weg in das ewige Leben und zur Erlösung der Seelen im Reinigungsort, dem Purgatorium, erleichtert, denn so verheißt Christus in den Seligpreisungen der Bergpredigt: Unser Gott ist ein gerechter Gott, der das Elend auf Erden durch himmlische Gerechtigkeit ausgleicht, erhöht und belohnt:

Das Durchhalten und Bestehen des Lebens im Leid aus Liebe zu Gott führt in der Nachfolge Christi zu dem triumphalen Jubel des Paulus: „Der Tod ist verschlungen in den Sieg. Tod, wo ist dein Stachel? Hölle, wo ist dein Sieg?“ (1. Kor 15,55). Die Antwort, die die Bibel auf den Schrei der Existenznot gibt, heißt also nicht äußere Veränderung, weist nicht auf ein oberflächliches Andersmachen hin, sondern spricht von der verwandelnden Kraft durch standhaltende Gottestreue in der Feuerprobe der Not.
Wir könnten das erfahren, wenn wir an der unsichtbaren Longe Gottes unser Leben so zielgerecht ins Visier nehmen würden, wie Gott dies für das Geschöpf Mensch bestimmt hat. Es würden sich dann durch eine gottgehorsame, sorgsame Bemühung um eine phasengerechte Erziehung die Kinder zu seelisch ausgeglicheneren Individuen entfalten können. Wir könnten gesunde Familien und damit erneut auch eine gesündere Gesellschaft anstreben – wenn wir nur hören wollten.

Viel Zeit dazu bleibt uns nicht mehr!

Der Eigenwert Kind

Von einem angemessenen Stellenwert des Kindes muss der erneuerte Erziehungsauftrag in unserer Zeit getragen sein.

Bei Matthäus 18,2 stellt Christus ein Kind in die Mitte und spricht: „Wahrlich, ich sage euch: Wenn ihr nicht umkehrt und werdet wie die Kinder, so werdet ihr nicht ins Himmelreich kommen." Und nach einer Mahnung an die Jünger zur Demut fährt er fort:„Wer sich für gering hält, wie dieses Kind, der ist der Größte im Himmelreich. Und wer ein Kind aufnimmt in meinem Namen, der nimmt mich auf. Wer aber einem von diesen Kleinen, die an mich glauben, Ärgernis gibt, dem wäre es besser, wenn ihm ein Mühlstein um den Hals gehängt und er in der Tiefe des Meeres versenkt würde. Wehe der Welt wegen solcher Ärgernisse!"
Welche Erkenntnis will der Herr uns Erwachsenen mit dieser Mahnung vermitteln? Als Erstes verwendet er das Kind, indem er es in die Mitte stellt, als ein eindrückliches Symbol: Im Kind liegt alle Hoffnung auf Zukunft, es ist allein schon dadurch ein hoher Wert; aber da es in seiner langen Kindheit erst noch ein sich entfaltender Mensch ist, da es klein und auf Hilfe angewiesen geboren wird, ist es von uns, den Ausgereiften, abhängig. Aber gerade darum hat der Erwachsene für das Kind eine hohe Verantwortung. Er darf dessen Schwäche nicht zu eigener Machtanmaßung nutzen, mehr noch: Er darf sich nicht einmal als der körperlich Überlegene, als der Bessere fühlen. Deshalb nutzt Christus dieses Gefälle im Status zwischen Kind und Erwachsenem zu einer verallgemeinerten Mahnung: Hütet euch, ruft er den Erwachsenen zu, vor jeglichem Hochmut und jeder Machtanmaßung gegenüber jeglichem euch scheinbar Unter-

legenen. Das ist ein Hochmut, der euch nicht zusteht. Er bedeutet Überschätzung eures eigenen Wertes.

Müssen wir über diese harten Worte angesichts unserer gesellschaftlichen Situation im Hinblick auf das Kind nicht tief erschrecken? Das Kind ist höchster Wert, sagt der Herr. Wie wahr! Das entspricht auch meiner Praxis bei der Arbeit mit Kindern. Jedes Kind, auch wenn es Christi Namen vorher noch nie gehört hat, glaubt an Gott, was daran erkennbar ist, dass es Augen und Ohren weit aufmacht, wenn wir anfangen, ihm davon zu erzählen. Es glaubt spontan, diese Wunderblume in unserem Garten, und das ist ein Zeichen dafür, dass es im Grunde sogar klüger ist als wir verkopften Erwachsenen. Es hat noch Ahnung, wie die Wahrheit hinter der Oberfläche ist, sodass es allein schon hocherfreulich wäre, wenn wir diese innere Gewissheit des Kindes als Erwachsene wieder erreichen würden.

Deshalb mahnt Christus in diesem Passus als Erstes uns Erwachsene am Beispiel des Kindes zur Eindeutigkeit, zur Festigkeit unseres Glaubens, ebenso wie auch zu einer hohen Feinfühligkeit im Umgang mit dem Kind. Wir dürfen unsere körperliche Überlegenheit nicht an ihm auslassen; denn das Kind ist voller Liebe und voller Zärtlichkeit, voller Vertrauen. Es lebt also in einem Status, den der Herr auch für den Erwachsenen als im höchsten Maße erstrebenswert erachtet. Wir dürfen das nicht missachten oder gar verschütten! Das gilt in hohen Maß besonders auch für den schlichten unangefochtenen Glauben. Wir sollen diesen vielmehr wecken, pflegen und ausgestalten. Wer als Verantwortlicher dem Kind nicht gerecht wird, wird damit auch unserem Herrn nicht gerecht, sagt Christus deshalb apodiktisch.

Erst wenn man dieser Pointierung nachgelauscht hat, wird erkennbar, warum Christus sich hier zu dieser mächtig drohenden Mahnung steigert. Es wird dem, der dem Kind nicht gerecht wird, die ganze böse Schwere eines grenzüberschreitenden Tuns zum Bewusstsein gebracht. Der Mühlstein dient dem Herrn dabei als Metapher, um das volle Gewicht sündiger Anmaßung und Gewalt gegen Kinder zu unterstreichen. Auch das Versenktwerden in der Tiefe des Meeres hämmert den Erwachsenen mit diesem Bild geradezu die absolute Verwerflichkeit und Strafwürdigkeit von schändlichen Handlungen gegen das Kind ein.
Was für eine erschreckende, aber berechtigterweise harte Strafandrohung! Unser Herr umschließt das Kind in all seiner Hilflosigkeit mit einer mächtigen Schutzmauer gegen böse Eingriffe!

Eine solche Klarstellung dient als Erstes einmal der Abwehr unserer Selbstüberschätzung als Erziehende, besonders als Eltern: " Kevin – unser erstes Produkt ist geboren", las ich kürzlich in einer Zeitung. Aber Kevin ist ja nicht der Besitz seiner Eltern, er ist ein Geschenk von Gott aus seiner Hand, in seiner ganzen Einmaligkeit von IHM handverlesen geschaffen! Man mache sich also anhand dieses Wortes von Christus klar, wie an die Erziehung eines Kindes heranzugehen ist. Selbstüberschätzung führt zu Anmaßung. Anmaßung kann zu unlauteren Übergriffen führen. Mit einer kostbaren Leihgabe hat man sorgfältig umzugehen. Es tut uns als Eltern gut, das an jedem Erziehungsmorgen neu zu überdenken.

Aber das in die Mitte der umstehenden Menschen gestellte Kind bezieht sich nicht nur auf unsere persönliche familiäre Situation allein. Wenn wir aus eigenem Ungenügen und eigener Schwäche mit einem der eigenen Kinder, mit dieser Leihgabe von Gott, einmal unzureichend gewesen sind, so wird uns der Herr gewiss nicht mit einem Mühlstein bedenken wollen; denn er spürt die Liebe, mit der wir Eltern mit unseren Kindern umgehen! Mit diesem Gleichnis muss doch wohl empörend schlechtes Handeln durch und durch, es muss böses Handeln gemeint sein. Wenn man dies bedenkt, kommt die Frage ins Blickfeld: Wie geht denn unsere Gesellschaft mit diesem kostbaren Schatz um, durch den allein Zukunft erwirkt werden kann?

Zunächst fällt Grauen an, indem man sich das Verbrechen der Massenabtreibung vergegenwärtigt. In Deutschland allein hat in den vergangenen dreißig Jahren ein Heer von Kindern das Licht der Welt gar nicht erst erblicken dürfen! Aber in jedem Kind ist doch der Plan Gottes mit diesem Menschenkind schon vollständig parat – jedes einzelne eine absolute Neuheit – wie die DNA-Kette bewiesen hat. Das ist wissenschaftliches Faktum! Dennoch maßt sich der Mensch an, über die Leihgabe Gottes – und das ist das Kind doch auch hier schon! – selbst bestimmen zu können! Was für eine Hybris! Was für ein Unglück für das Ungeborene und für dessen Mutter, die so oft dazu genötigt wurde, es aus ihrem Leib zu entfernen! Was für ein Unglück für die Zukunft aller! In Deutschland wurden seit 1976 über acht Millionen Kinder abgetrieben – und nun sind wir ein aussterbendes Volk! Mühlsteinwürdig sind vor allem die Gremien jener Gerichtsbeschlüsse, die das Verbot der Abtreibung aufgeweicht haben!

Das Kinderschändertum und die Kinderpornoindustrie müssen darüber hinaus genannt werden. Es fällt schwer, so etwas überhaupt nur zu denken, und doch gibt es dies Ungeheuerliche als unfassliche Wirklichkeit: Weltweit werden Tausende und Abertausende von Kindern verkauft, entführt, gequält, schändlichst missbraucht und getötet! Alle Altersklassen, sogar Babys sind darunter! Das Kind als Ware – mühlsteinwürdig sind diese Verbrechen in ihrer ganzen Schärfe. Sie geschehen nicht nur in Ostasien, wo diese Geschäfte geradezu boomen, sondern auch in Deutschland. Jeder zunächst harmlose Mensch kann sich diese unfasslichen Verbrechen– manchmal einfach zufällig – im Internet ansehen. Er wird durch den leichten Zugang geradezu versucht, an diesen Ungeheuerlichkeiten teilzunehmen. Das ist neuerdings glücklicherweise immerhin zum öffentlich diskutierten Thema gemacht worden. Dann platzte plötzlich die Eiterbeule einzelner Missbrauchsfälle in katholischen Schulen, riss aber gleichzeitig die unendlich viel häufigeren in liberalen Internaten mit in die Offenlegung dieser bisher unter den Teppich gekehrten Verbrechen – zusammen mit der Pädophilie als ein Schandmal in vielen Familien.

Immerhin werden jetzt wenigstens Versuche unternommen, durch das Anberaumen neuer Gesetze und einer kirchlichen Kontrollinstanz einiges an Eindämmung festzulegen. Es ist zu hoffen, dass die mediale Aufblähung zum Skandalon wenigstens eine neue Klarheit verschafft über das absolut Unzulässige und Verwerfliche der Pädophilie, und als eine neugewonnene Einsicht besonders allen Eltern von Halbwüchsigen unter die Haut geht; denn wie schandbar man zwecks sexueller Befriedigung mit realen Kindern umgehen kann, das kann sich jeder Halbwüchsige jetzt zu Hause am Laptop herunterladen und sich solche Schandtaten am Schreibtisch ansehen!

Aber was bewirkt das in unseren Jugendlichen? Das müssen wir uns fragen!? Ich bin kürzlich in einem Berliner Gymnasium eingeladen worden und habe die dort versammelten über hundert Jugendlichen gefragt, wer von ihnen sich denn im PC Pornographisches noch nicht heruntergeladen hätte. Sie nickten zwar offen, aber beklommen. Keiner konnte diese Frage verneinen – KEINER!!! Zunächst ist das auch nur allzu verständlich und noch nicht gleich schon ein Kapitalverbrechen; denn schließlich möchte man in diesem Alter doch wissen, was sich auf dem Sektor Sex und Porno abspielt, einem Gebiet, von dem in der Öffentlichkeit so viel die Rede ist und das so sehr den Ton angibt. Aber den Verantwortlichen, den Eltern, muss klar werden, dass hier auf die Jugendlichen eine Gefahr zukommt, wenn man ihnen den Computer einfach nur so auf den Tisch stellt.

Ich habe mir in meiner Praxis nicht selten die bedrückten Schilderungen junger Männer anhören müssen, die nun bereits in die gefährlichen Fallen des Internet geraten sind: die einen in die Killerspielerfalle, die anderen in die Pornofalle. Diese neuen Suchtfallen sind verhängnisvoll und gefährlich. In Bezug auf die Killerspiele wird die Hemmschelle zum Töten, die wir Menschen angeborenerweise alle mitbringen, abgesenkt, wie die Amokläufe von Erfurt und Winnenden gezeigt haben. Beide Jugendliche hatten jahrelang am PC Töten eingeübt, bis sie in eine verzweifelte Lage gerieten und diese Blutbäder selber anrichteten.

Bei meiner Arbeit als Gutachterin von Sexualstraftätern beim Jugendgericht konnte ich diesbezüglich wertvolle Erfahrungen sammeln. Ohne Ausnahme war bei den Beschuldigten eine lange Phase des Ausphantasierens unter Pornographie vorausgegangen – und die Pornographie mit Kindern diente als das bevorzugte Anschauungsmaterial.

Fazit: Dieses Problem, das man so gern weit wegschieben und verdrängen möchte, muss uns alle angehen. Auch Eltern Heranwachsender dürfen sich nicht aus der Verantwortung stehlen; denn wir können aus den bereits vorliegenden Erfahrungen lernen, wie leicht unsere Kinder – durch die sich im Haus befindenden PCs zu unbefangener Neugier getrieben – in die allzu geschickt aufgestellten Fallen tappen können.

Letztlich können sogar konstruktive Bemühungen nicht dem Kinderschändertum Einhalt gebieten, solange die Gesellschaft nicht zu der Erkenntnis vorstößt, dass dieses mühlsteinwürdige Verhalten lediglich Auswuchs einer überheblichen Geisteshaltung ist. Die Enttabuisierung des Geschlechtstriebes hat zu einer rauschartigen Wucherung des Sex geführt, hervorgerufen durch eine Ablösung der Sexualität von ihrem Ziel: der Fortpflanzung. Es war ein verheerender Irrweg, der durch das Programm der 68er ausgelöst wurde; denn in ihrer Absicht stand keineswegs eine Vermehrung des Glücks der Menschen, wie es bis heute in den Medien immer noch vorgegaukelt wird. Ihr einziges Ziel war es, mithilfe von schrankenlosem Sex und den dadurch hervorgerufenen Aufweichungen der Strukturen ein atheistisches Kollektiv gleichgeschalteter Menschen aus dem Boden zu stampfen.

Als Christen sind wir verpflichtet, das Kind in den Schutzraum unserer Verantwortung vor Gott zu stellen. Doch wie weit ist unsere Gesellschaft von dieser achtungsvollen Haltung entfernt!

Kenntnisse, die dazu nötig wären, sind zwar von klugen Pädagogen längst erforscht und in den Bibliotheken unserer Universitäten niedergelegt worden. Aber kommt dieses Wissen überhaupt noch zur Anwendung? Abgesehen davon würde selbst ein intensives Studium nicht von der Notwendigkeit dispen-

sieren, dass jedes einzelne Kind während seines Werdeganges eines konstanten, intensiven und individuellen Umhegtseins aus nächster Nähe bedarf! Sonst blüht die Rose nachher eben nicht. Bei einer Pflanze erachten wir dies als eine Selbstverständlichkeit – wieso beim Menschenkind nicht?
Um diesem Missstand abzuhelfen, möchte ich noch einmal etwas ausführlicher auf die pädagogischen entwicklungspsychologischen Notwendigkeiten im Entfaltungsvorgang des Kindes eingehen:

Erst einmal muss das Kind in liebevoller Stetigkeit genau in Augenschein genommen werden. Schließlich verhält es sich an jedem Tag anders. Es entfaltet sich und ist ein sich Schritt um Schritt fortgesetzt veränderndes Lebewesen! Wie bei jeder Blume in unserem Garten haben wir nur eine Chance, Blütenreichtum und Frucht zu ernten, wenn wir mit akribischer Beobachtung und zeitgerechter Einwirkung auf dem Posten bleiben.
Leider ist es heute nicht mehr selbstverständlich, dass Eltern und Erzieher dies als eine beglückende und höchst erfüllende Aufgabe ansehen. Die Ursache dieses Mangels liegt daran, dass viele Menschen von der Wahrheit abgewichen sind. Sie wissen nicht mehr, dass Christus uns mit seinem Beispiel, ein Kind in die Mitte zu stellen, sagen wollte, dass die liebevolle Bemühung gerade um es ganz zentral wichtig ist! Erst mit dieser Einstellung kann Erziehung gelingen, Damit können wir auf Erfolg hoffen. Und einiger weiterer neuer Erkenntnisse bedarf es, wie im Kapitel zuvor bereits gestreift, darüber hinaus.
Das gesunde Aufwachsen, besonders während der Konstituierung des Gehirns, ist von gekonnten, zeitgerechten Einwirkungen der Umwelt auf das Kind abhängig, d.h. bestimmte Lernschritte wollen zu jeweils bestimmter Zeit vollzogen sein,

damit im Gehirn ein ausgeglichenes Level und ein Sprießen seiner Synapsen, der Verbindungen zwischen den Neuronen, entsteht. Das können die Forscher heute an der entsprechenden Intensität der verschiedensten Hirnaktivitäten ablesen. So geht z.B. das Zeitfenster zum Laufen-lernen gegen das Ende des ersten Lebensjahres auf. Es endet, wenn sich das Kind auf die Beine gestellt hat. Das müssen die Erziehenden wissen und mit kleinen Hilfen unterstützen, wenn diese Intentionen sich zeigen. In diesem Beispiel ist das die Zeit, in der das Kind anfängt, Versuche zu machen, sich aufzurichten. Allerdings gibt es dabei leicht einmal ein Zu-früh oder ein Zu-spät. Ein Zu-früh entsteht dadurch, dass man mit einem erst halbjährigen Säugling laufen übt (dann bekommt das Kind O-Beine und eine Einbuße seiner motorischen Aktivitätsbereitschaft). Oder es geschieht ein Zu-spät, wenn die Kinder in dieser Phase lange bewegungslos liegen müssen. Auch das mindert die Impulsbereitschaft, und es bedarf der therapeutischen Hilfe, um das Laufenlernen, das in der entsprechenden Phase verpasst wurde, nachzuholen.

Zu frühe oder zu späte Einwirkungen von außen können also Entfaltungsbehinderungen hervorrufen. Weil aber das Kind in unserer Gesellschaft nicht mehr, wie es ihm gebührt und wie es seiner Wertigkeit entspricht, „in der Mitte steht" und weil das Postulat der christlichen Einstellung über die Bewahrung seiner Unverletzlichkeit nicht mehr gesehen wird, gerät unsere Gesellschaft immer mehr in die Gefahr, mit dem Kind umzugehen wie mit einer Schachfigur. Aber dadurch entsteht so viel seelische Behinderung, dass der Niedergang beständig zunimmt. Eine Gesellschaft kann jedoch nur gedeihen, wenn aus seelisch gesunden Kindern seelisch gesunde Erwachsene werden.

Ein besonders schwerwiegendes Risikopotential besteht in dem mächtig forcierten gesellschaftlichen Trend, die Babys und Kleinkinder so rasch wie möglich in kollektive Fremdbetreuung zu geben. Aber bis ins dritte Lebensjahr hinein ist hier das Zeitfenster zum Lernen von Bindung an eine Person geöffnet, an eine Person, wohlgemerkt, die es konstant Tag und Nacht betreut, mit besonderer Intensität in den ersten achtzehn Monaten. Es ist das Natürlichste von der Welt, dass die Bindung des Kindes an seine leibliche Mutter Vorrang hat. Das geschieht beim Kind spontan auf instinktiver Basis in der Weise, wie es im vorangehenden Kapitel bereits angedeutet wurde: Etwa vier bis sechs Wochen nach der Geburt beginnt das Kind der Mutter meist beim Stillen unverwandt ins Gesicht zu schauen. „Starrphase" nennen das die Neurologen; denn sie haben herausgefunden, dass das Lernen von Bindung sein Zeitfenster öffnet, wenn der Gesichtssinn im Hirn zur Ausreifung gelangt ist. Das heißt: Durch die Bindung an eine Hauptperson wird Bindungsfähigkeit allgemein vorbereitet, zunächst an die Personen, die in der Familie anwesend sind, vorab und mit Vorrang erst an die Mutter, bald auch an den Vater, vielleicht auch an eine Großmutter und Geschwister. Im zweiten Lebensjahr lernt es, sich an fremde Personen zu gewöhnen, aber noch nicht an dauernd wechselnde. In diesem Alter auch noch nicht mit einer Menge von Gleichaltrigen gleichzeitig. Dazu ist es noch zu früh. Das ist von vielen Bindungsforschern inzwischen belegt worden. Wenn die Mutter, an die das Kind in natürlicher Weise gebunden ist, den Raum verlässt und lange nicht wiederkehrt, nimmt ein gesundes Baby das nicht einfach hin. Es schreit oft lange und sich immer mehr steigernd verzweiflungsvoll nach ihr. Und dass es dann schließlich damit aufhört, ist nicht im mindesten ein Ausdruck von gesunder Gewöhnung, sondern vielmehr von

Resignation und psychischer wie physischer Ermüdung. Das bewirkt eine so tiefe Prägung in sein Stammhirn, das sich genau in dieser Phase entfaltet, dass daraus später eine Neigung zu Depressionen, zu unruhigem Suchen und zu einer Fülle von weiteren Verhaltensstörungen erwachsen kann.

Diese wissenschaftliche Information ist den meisten Eltern unbekannt, und so lassen sie sich sehr leicht abholen von den Sirenenklängen der lautstarken Trends in unserer Gesellschaft. Diese setzten gänzlich uneinfühlsam und ignorant auf Verfrühung und bieten den jungen Eltern Krippenbetreuung ihrer Babys an. Das ist ein schwerwiegender Fehler und hat uns bereits Tausende und Abertausende von seelisch, oft auch süchtig erkrankten Menschen beschert. Das größte Potential ist dabei unter den Krippenkindern aus der ehemaligen DDR zu finden. Geradezu als Verführung lässt es sich deshalb verstehen, dass Krippenbetreuung unter der Devise angepriesen wird, dass die Kinder dadurch eine bessere Bildung erfahren würden. Das ist bedenkliche Augenwischerei; denn durch Nichtbeachtung der Entwicklungszeitfenster, einerseits durch eine gefährliche zu frühe Trennung von der leiblichen Mutter, und andererseits zum ebenfalls zu frühen Gemeinschaftszwang mit Gleichaltrigen, entsteht weder eine bessere Gemeinschaftsfähigkeit noch eine bessere Möglichkeit zu konzentrierter Lern- und Leistungsfähigkeit! Die optimalen Voraussetzungen dazu werden vielmehr durch viel liebevolles und hellhöriges Beschäftigen der Mutter mit ihrem Kleinkind im familiären Umfeld geschaffen, besonders in solchem, in dem es viel Gleichmaß und ruhige Zonen gibt. Wir haben dafür genügend Beweise, nicht nur durch die Langzeitstudie NICHD in den USA, sondern durch die Begleitung vieler Einzelschicksale.

Ein hübsches Beispiel positiver Art besteht in der Beobachtung, dass es häufiger die ältesten Kinder aus gesunden Familien sind, die in der Schule erfolgreich sind. Bei genauer Nachfrage ergibt sich dann, dass diese Mütter – meist voll stillend – für ihre Säuglinge noch viel Zeit hatten und diese auch mit ihnen verbrachten – mehr Zeit als je wieder mit den nachgeborenen Geschwistern! Ein unverdienter Bonus der Ältesten in der Geschwisterreihe!

Warum werden trotz der einhelligen internationalen Forschungsergebnisse in den Ländern Europas und der USA die schädigenden Maßnahmen in der Frühentwicklung des Kindes zu einem Haupttrend? Die Antwort kann nicht heißen, dass die junge Familie ohne die sofortige Erwerbstätigkeit der Mutter nicht genug Geld zum Lebensunterhalt hat. Für den Staat wäre es wesentlich billiger, diesen Familien direkt unter die Arme zu greifen. Doch die Antwort ist trauriger: Es geht gar nicht darum, dem Kind eine optimale Entfaltung zu ermöglichen. Man stellt das Kind eben nicht „in die Mitte", wie Christus uns das so deutlich anempfiehlt. Bei Licht besehen, versucht man stattdessen Böses: Die Belange der Frau, ihre Karriere, ihr finanzielles Aufsteigen werden in einer kämpferischen Feindschaft dem Kind in all seiner Wehrlosigkeit gegenübergestellt. Der Staat avanciert zu einer Art bösen Mutter, die das hilflose Kind dem Verderben, dem sich Verirren, Verlaufen und Verhungern preisgibt, wie die hartherzige Stiefmutter bei Hänsel und Gretel. In Parenthese sei hinzugefügt, dass es auch in unserer modernen Gesellschaft leicht realisierbare Wege geben könnte, die es den emanzipierten Müttern in einer gesunden Familie möglich machen, ihre Kinder zu seelischer Gesundheit zu erziehen, z.B. im Dreiphasenmodell:

Erst die Ausbildung, dann Familienphase und danach Wiedereinstieg in die Erwerbstätigkeit. Das wäre zu verwirklichen, wenn der Staat durch Fortbildungskurse und durch einen Bonus für die Kindererziehung einen Wiedereinstieg in die Berufstätigkeit fördern würde. Oder auch durch das Modell „Mutter als Beruf", wie ich das der Bundesregierung bereits 1984, sogar Bundeskanzler Kohl persönlich in einem Zweistundengespräch unter vier Augen vorgeschlagen habe.
Es gibt also mehrere Wege, Kinder seelisch gesund zu erziehen, die sogar den Wünschen emanzipierter Frauen entsprechen. Dies sollte jedenfalls nicht auf Kosten der Kinder zugunsten eines ideologisierten Feminismus versucht werden, wie es heute geschieht. Es bedeutet selbstmörderische Perversion, das Kind zu einem Feind der modernen emanzipierten Frau zu degradieren. Aus solchen Gründen Kinder in großer Zahl daran hindern zu wollen, zu ihrem natürlichen Recht zu kommen und vielen so vorsätzlich die volle Ausgestaltung ihrer Persönlichkeit vorzuenthalten, ist – wie uns Christus das zu Recht als eine überzeitliche Mahnung ins Stammbuch geschrieben hat – unverantwortlich.

Eine ebenso unselige Verfrühung auf dem Boden einer atheistischen Ideologie ist seit zirka 40 Jahren auf dem Feld der Sexualpädagogik eingerissen, wie das in den vorangehenden Kapiteln in anderem Zusammenhang bereits dargelegt worden ist. Das dem Christentum entfremdete Europa erhob den Sex zum Götzen und erklärte ihn gewissermaßen zur Staatsreligion. Kleinstkinder sollten durch Sexualität stimuliert werden, um sie nur ja zu diesem angeblich „höchsten Glück" kommen zu lassen. Empfehlungen, die Kinder sexuell durch Reizen ihrer genitalen Zonen zu animieren, in den Kindergärten Kuschelecken zu installieren und als non plus ultra obligatorischen Sexualkundeunterricht ab dem zweiten Grundschulalter einzurichten, wurden als förderliche pädagogische Devise verkauft und werden auch heute noch als Mainstream propagiert. Dies ist Verfrühung pur! Das Ziel des Geschlechtstriebes ist die Fortpflanzung, und deshalb gehört die Sexualität ins Erwachsenenalter – und wie es die katholische Kirche durch all die Irrungen und Wirrungen hindurch weiter mit Recht verkündet und es sich an der Erfahrung bestätigt – in die Ehe! Alles Wildern und Wuchernlassen dieser so mächtigen Natur in uns schadet. Der englische Ethnologe J. D. Unwin hat durch umfängliche Feldstudien wissenschaftlich bewiesen, dass überall dort, wo man die Sexualität früh und wildwüchsig lebt, sich keine strukturierte Kultur bildet, wie Gabriele Kuby für uns ausgegraben hat.

Doch auch wir Kinderpsychologen können ein Lied davon singen, was im Einzelnen dabei herauskommt. Gelegentlich entwickelt das Kleinkind sogar eine frühkindliche Onanie, an die es gefesselt bleibt. Im Erwachsenenalter kommt es dann auf dieser Basis häufig zu Sexualsüchten und zu Promiskuität. Das Boomen des Kinderschändertums hat sich aufgrund dieses Erfahrungswissens voraussagen lassen.

Die Folgen sind bereits in einem bedrohlich zukunftsgefährdenden Ausmaß sichtbar. Man sollte meinen, dass wir als Gesellschaft aus diesen verfänglichen Erfahrungen hätten lernen sollen. Doch unbedenklich wird der obligatorisch eingeführte Sexualkundeunterricht weiterhin in der Schule durchgeführt. Er enthält fast ohne Ausnahme einen Freipass für den Jugendsex, obgleich durch die Verfrühung auch hier die ganze Lebensbahn in unglücklichmachende Weichenstellungen gebracht werden kann, ohne dass je eine kritische Reflexion oder gar eine öffentliche Diskussion ins Visier genommen worden wäre. Im Gegenteil, weitere Ideologien wie Gender-Mainstreaming, das die wissenschaftliche Wahrheit über die angeborene Unterschiedlichkeit der Geschlechter einfach ignoriert und perverse Lebensformen wie Homo- Bi- Transsexualität fördert, werden in der Schule fächerübergreifend doziert.

Leider sind dies keineswegs die einzigen falschen Maßnahmen. Die weiteren Trends in der Pädagogik des ehemals christlichen Abendlandes stellen ebenso wenig das „Kind in die Mitte", sondern machen es zum Subjekt einer menschenfeindlichen, atheistischen Ideologie. Diese Pädagogik hat nur ein Ziel, durch Angleichung „Gerechtigkeit" erreichen zu wollen. Deshalb weigert man sich ganz bewusst, von den negativen Erfahrungen mit der vor 40 Jahren kreierten sogenannten „emanzipatorischen Pädagogik" zu lernen und zu erkennen, was für Kinder in Bezug auf die Schulformen besser und was schlechter ist. Die Pisastudie hat bewiesen, dass das Leistungsniveau bei den 14-jährigen in denjenigen Ländern am höchsten ist, in denen kleine Klassen mit möglichst konstanten Lehrern (wie in Finnland) üblich sind. Als Entwicklungspsychologen können wir dies nur bestätigen. Wo Kinder als kleine Personen individuell beachtet und ernst genommen werden, entwickelt sich die beste Motivation zur Leistung. Die kleinen Mädchen lernen sogar eifriger und leisten freiwillig ein größeres Pensum für einen Lehrer, der durch die Art wie er mit ihnen umgeht, für sie bewundernswert geworden ist.

Ideologisch ungut wirkt sich ein pädagogischer Stil aus, der – einst jahrzehntelang als antiautoritäre Erziehung verkauft – jetzt als Modell „autarkes Kind" erneut angeboten wird. Eine alles-laufen-lassende Erziehungsform, nicht nur in der Familie, sondern darüber hinaus auch noch in „spielzeuglosen Kindergärten" und in den Schulen, bringt bei unseren Wunderblumen keine Blütenpracht hervor. Alle Bemühungen, diesem laisser-faire Einhalt zu gebieten, enden in leistungsschwacher horrender Disziplinlosigkeit. In den USA züchtete man auf diese Weise jede Menge von Verwahrlosten, nachdem man dieses Prinzip über drei Jahrzehnte hinweg mehrheitlich versucht hatte.

Man könnte meinen, der Großexperimente mit diesen fatalen Ergebnissen seien nun genug. Aber diese Einsicht ist in den Ministerien nicht vorhanden. Als wenn man diesem nackten Kaiser lediglich ein neues Gewand angelegt hätte, wird in der deutschen Schulpolitik der Versuch erneuert, das Finden von Lernschritten den Schülern selbst zu überlassen. Dies jedoch entspricht nicht den geistigen Lernbedürfnissen des Menschen. Er ist mit einem starken Nachahmungstrieb auf dem Boden einer hierarchischen Lernstruktur ausgestattet und richtet sich praktisch automatisch nach Vorbildern, Vormachern, die einen nachahmenswerten höheren Entwicklungsstatus, besonders auf geistigem Gebiet besitzen. Auf diese Weise lernt das Kind! Dazu möchte es in der Schule angeleitet werden. Durch Antipädagogik, wie sie zur Zeit Urständ feiert, kann das nicht erfüllt werden.

Noch ein letztes Gebiet möchte ich streifen, aus dem ersichtlich wird, wie wenig unsere Kinder heute im gesellschaftlichen Bereich so behandelt werden, wie Gott es von den Erziehenden als vor IHM zu verantwortendes Tun erwartet. Die zur Zeit rasch vorangetriebene Tendenz zur direkten Vereinnahmung der Kinder durch den Staat, am besten von Anbeginn an, mit dem Ziel, sie sobald wie möglich der Familie zu entziehen, ist ebenfalls auf dem Boden der destruktiven Gleichheitsideologie gewachsen.

Eltern müssen diese Strategie der linken Ideologen als eine große Gefahr für ihre Kinder in Kopf und Herz haben, um auf gar keinen Fall unbedacht mit den Wölfen zu heulen. Sie müssen dieser kinderfeindlichen Anmaßung widerstehen, und sich, soweit es irgend geht, zur Wehr setzen. Die Tendenz der Politik geht in die Richtung, die Familie – von Staats wegen – mit der Begründung abzuschaffen, diese Institution „Familie" würde in der Bevölkerung Unterschiede im seelisch geistigen Niveau hervorrufen. Das sei unerwünscht und aus Gerechtigkeitsgründen nicht tolerabel.
Als Gegebenheit stimmt das sogar: Der Eine hat oft einen besseren Standort als der Andere. Die einen Eltern können besser erziehen als die anderen.
(Wobei bereits erwiesen ist, dass aus christlichen Elternhäusern mehr seelisch gesunde Erwachsene hervorgehen.) Und wie unterschiedlich sind erst die Schwerpunkte in den unterschiedlichen Begabungen! Gott lehrt uns aber, solche Unterschiede auszuhalten und nicht durch das Vergleichen – wie einst Kain – in die tödliche Falle des Neides zu geraten.(S. Kapitel 2).

Unsere atheistische Neidgesellschaft strebt stattdessen immer mehr eine in die frühe Lebenszeit der Kinder hineingeschobene Kollektiverziehung an! Kindergartenpflicht ab dem dritten Lebensjahr wird bei uns in Deutschland deshalb immer stärker forciert. Außerdem wird die verpflichtende Vorschule ab fünf diskutiert. Die Einheitsgroßschule mit Massen von Kindern und Massen von Lehrern, die sich untereinander kaum kennen mit obligatorischem Ganztagsunterricht ist in der BRD zur Zeit in der Installation begriffen (allerdings ein wenig verschieden in den 16 Ländern der Republik; denn unser Schulsystem ist föderalistisch).

In den Staaten Europas werden die Kinder einem immer stärkeren Druck ausgesetzt. In den meisten Ländern wird darauf – der Not gehorchend – mit katholischen oder evangelikalen Privatschulen geantwortet. In Österreich reagieren kompetente Eltern mit Homeschooling. (In Deutschland ist es verboten!). Nachgewiesenermaßen werden dabei die allerbesten Erfolge erzielt, denn der Kräfteverschleiß, dem unsere Kinder in staatlichen Schulen ausgesetzt sind, ist erheblich, nicht zuletzt aufgrund der durch die Zentralisierung der Schulen notwendig gewordenen weiten Schulwege per Bus.

Was können wir als bewusst christliche Eltern dagegen tun? Wir dürfen vor allem darauf vertrauen, dass der Herr uns angesichts dieses vernichtenden Ungeistes seinen Beistand nicht versagen wird, wenn wir ihn darum bitten. Auf dem Boden eines gelebten Christentums im Alltag können wir dennoch eine ganze Menge tun. Der Wille dazu, Informiertheit und die richtige, auf realistischer Wahrheit beruhende Einstellung sind die ersten Voraussetzungen dazu.

Zukunftslast und Wegfreude

Dass Kinder Glück und Lebenssinn bedeuten, muss erneut ins Blickfeld rücken.

Gibt es in unserer Zeit genug Freude an Kindern? Leider nicht, im Gegenteil, die Freude am Kind erstickt heute unter den dunklen Einflüsterungen, denen die Menschen, besonders auch junge Eltern – mit gefangen, mit gehangen – ausgeliefert sind. Die Hektik unseres Alltags tötet das Glück und die Freude an unseren Kindern! Aus der Öffentlichkeit schallt uns kalte Lieblosigkeit und Feindschaft gegenüber dem Kind entgegen. Als Mieter sind Großfamilien meist unerwünscht. Kürzlich wurde ein Arzt zu fortlaufender Geldstrafe verurteilt, weil er es zugelassen hatte, dass ein Kind zur Welt kam, das eigentlich hätte abgetrieben werden sollen – das Kind ein Schadensfall? Sicher, Kinder sind zuweilen auch unbequem, Kinder machen Arbeit, und manchmal können sie sogar mächtig nerven. Das erleben alle Menschen, die täglich Kinder betreuen, aber das ist doch nicht die ganze Wahrheit, weder beim Endergebnis und auch nicht beim einzelnen Erleben im Erziehungsalltag – denn selbst der elende Geschwisterzank geht vorüber!

Das will ich ins Bewusstsein rufen, damit das Schwere und Missliche beim Kindererziehen einmal in den Hintergrund gedrängt wird, sodass die Freude an den Kindern wieder hell und belebend zum Leuchten kommt; denn nur das bewirkt, dass sie glücklich werden!

Ich will bei diesem Freuden-Katalog ebenfalls am Lebensalter der Kinder entlanggehen: Die erste umwerfende Freude findet bereits in dem Augenblick statt, in dem es absolut sicher ist, dass ein Kind unterwegs ist. Nicht immer jedoch ist die Freude darüber in allen Fällen von Anfang an gegeben. Das Erschrecken der Jungfrau Maria über die Ankündigung des Engels „Du wirst ein Kind empfangen“ ist dafür ein überzeitliches Beispiel. Doch selbst bei Maria hat sich dieses berechtigte, spontane Erschrecken in Freude verwandelt, wie ihr Jubellied, das Magnifikat, bei ihrem Elisabethbesuch beweist. Und wie es der ihren Schöpfer hochpreisenden Maria ergangen ist, werden die Mütter heute, die sich ein Kind gewünscht haben, diese „Ankündigung“ – vor allem bei der ersten Schwangerschaft – erlebt haben: eine unbändige Freude und das Gefühl von Gott gesegnet zu sein. Jubel habe ich in der letzten Zeit besonders bei jenen jungen ehemaligen Patientinnen miterleben dürfen, die in ihren jungen Ehen schon einige Jahre bitter hatten erfahren müssen, dass ihr später Kinderwunsch unerfüllt blieb, bei denen jahrelang jeder monatliche Blutungstag niederdrückende Enttäuschung bedeutete. Wie jubilieren dann diese Frauen angesichts der als sicher festgestellten Schwangerschaft!

Und wie spiegelt sich erst das Glück im unfassbaren Ereignis des zur Welt gebrachten Kindes wieder: „Uns ist ein Kind geboren“ – ein gesundes Kind, wunderbar ausgestaltet, bis in die kleinsten Fingernägel hinein! Je tiefer wir hier bewusste Freude zulassen, umso tiefer saugt das Kind mit jedem Tropfen Milch nun die Gewissheit ein, jetzt von der Mutter satt gemacht, und das heißt als das wertvollste Pfund für das ganze Leben satt geliebt zu werden! Wir müssen das wieder neu begreifen lernen. Hier liegt der Ursprung, um später Menschlichkeit zu entwickeln, mit andern Worten, lieben zu können. Diese zentrale Bedeutung unseres Lebens wird durch das Mysterium der

ersten Verwirklichung der Verbindung zwischen Mutter und Säugling gelegt! Dies ist die Basis, dass aus diesem Kind ein in sich glücklicher Mensch werden kann!
Dieses erste Liebes-satt-geworden-sein lässt das Kind später das Gefühl entwickeln, zurücklieben zu wollen. Was für ein Mysterium, das völlig im Einklang steht mit Gottes Willen! Das zeigt sich auch darin, dass unter und nach der Geburt in das Hirn von Mutter und Kind ein Schwall des sogenannten Glückshormons Oxytocin ausgeschüttet wird. Die Freude am Kind wird gewissermaßen chemisch vorbereitet und unterlegt!
Ein paar Wochen nach der Geburt ist das Kind nun nicht mehr allein mit all seiner Energie auf das Saugen konzentriert, sondern wendet sich gleichzeitig dem über seinen kleinen Körper geneigte Gesicht seiner Mutter zu. Niemand anders als sie ist die bei diesem Vorgang die von Gott so gedachte Person! Wie viel bewusste Freude könnte jede Mutter bei diesem neuen Entwicklungsschritt empfinden, wenn sie wüsste, was er bedeutet; denn nun kündigt sich das Bedürfnis des Kindes an, seine Mama zu lieben. Das leitet sich jetzt durch ein neues Mysterium ein: Mitten im Trinken lässt das Kind die Mamilla los und lächelt die Mutter an. (Ich habe bei meinen Kindern übrigens erlebt, dass sie gleichzeitig das bis dahin angestrengt zur Faust geballte Händchen ausgebreitet und entspannt auf die Brust legten – als ein Zeichen erster Dankbarkeit, so schien es mir). Wie wichtig ist es, dass den Müttern der Sinn dieses wunderbaren Vorgangs bewusst wird, damit sie in einem Schub von tief bewegter Freude ihr Kind begeistert darüber an ihr Herz drücken können! Ein Mensch, der an seinem Lebensanfang in dieser Weise liebessatt wurde, wird den älteren Angehörigen gegenüber später Dankbarkeit empfinden und auch den Impuls verwirklichen, für die gebrechlich werdende Mutter zu sorgen.

Würden wir doch dieses Mysterium, in dem sich Gottes Wille mit den Menschen so eindrucksvoll ankündigt, nur im Kleinen, im Einzelnen ganz ernst nehmen! Denn ohne einen in dieser Weise bewusst durchlebten Liebesgehorsam für unseren Gott wird das glückliche Einvernehmen mit unseren Kindern in späteren Jahren schwieriger. Die Hirnforschung erzählt uns mittlerweile, dass die Grundlagen für weitere Bindungen hauptsächlich während der Konstituierung des Gehirns, während der ersten drei Lebensjahre also, gelegt werden und dass die beste Lehrmeisterin der Kinder die leibliche, liebevolle, sich den Urbedürfnissen des Kindes voll ausliefernde Mutter ist. Sie bewirkt nämlich hier schon, dass sich im Gehirn des Kindes ihre Worte, ihr vieles Ansprechen des Kindes als **Muttersprache** einprägt. Durch das Gewürz liebevoller Zuwendung vor allem anderen, so sagen die Hirnforscher, entsteht Sprachreichtum!

Denn am besten lernt das Kind von dem, den es liebt, wusste bereits Goethe...

Diese Vorgänge sind es, die eine optimale Voraussetzung an Bildung hervorrufen, denn die zentralen Vorbereitungen zu gutem Schullernen vollziehen sich durch die Mutter in der ersten Lebenszeit. Alles andere Getöse von frühkindlicher Bildung unter Missachtung dieser von Gott so eingerichteten Vorgaben sind deshalb tönendes Erz und klingende Schelle, mehr noch, sie sind böse Einflüsterungen zur Entfaltungsbehinderung des Kindes. Wenn hingegen die Mütter diese Lektion der Hirnforscher rechtzeitig lernen und sie begriffen haben, wie entscheidend ihre vorübergehende Ganzhingabe an das Kleinkind ist, wie sinnvoll der Umgang mit ihm also ist – und ich erlebe das mit aufgeklärten jungen Müttern nun bereits häufig – dann wächst der Pegel an bewusster Freude über die mit dem Kind verbrachte Zeit. Entsprechend tragen Bambinos das Glück ihres Geliebtseins bereits in ihrem Augenausdruck!

Wie sehr verstärkt sich nun noch die Möglichkeit zur Freude an unseren Kleinkindern, nachdem sie sich auf die Beine gestellt haben! Keinem Menschen mit einem gesunden Empfinden ist es möglich, nicht mit beglückter Freude zu antworten, wenn ihm so ein Spatz mit erhobenen Armen und unter großäugigem Jubel entgegenläuft. Selbst schon recht abgehärtete Männer können sich der Angerührtheit darüber nicht entziehen. Woran liegt das?

Konrad Lorenz, der große Verhaltensforscher hat es wissenschaftlich erhärtet: Unsere Reaktion erfolgt reflexartig angesichts des sogenannten Kindchenschemas, das heißt angesichts der Wahrnehmung der typischen Gesichtsform eines Kleinkindes: große obere Gesichtshälfte mit runder Stirn, kleiner Nase und großen Augen und Pausbäckchen im Gegensatz zur kleineren unteren Partie des Gesichts. Das Kleinkind- so meint der Forscher zurecht – fordert durch seine liebliche Gestalt zu Schutz und Fürsorge geradezu heraus. Von Gott so angelegt, wird der Erwachsene genötigt, sich dem Kind mit Schutzbereitschaft zuzuwenden, sodass das Kind den Erwachsenen durch seinen Liebreiz emotional gefangen nimmt. Auch dies bedeutet Zeitfenster in einer Phase, in der das Kind noch intensiv Behütung braucht und dabei durch sein nun gleichzeitig hochbrandendes Selbstständigkeitsstreben, durch all seinen Trotz, die Erziehenden ganz schön nerven und sie ungeduldig werden lassen kann.

Es ist die Kleinkindzeit, in der das unerfahrene Kind der Obhut durch seine Umwelt besonders bedarf. Es ist die Lieblichkeit des Kleinkindes, die uns Erwachsenen das erleichtert, ja, geradezu nötigt, es zu lieben. Die Freude am Kind steigert sich infolgedessen, und das Kleinkind antwortet darauf mit Gegen-

liebe, mit Zärtlichkeit, mit innerer Zufriedenheit. Das Kind gibt die Zuwendung natürlicherweise voll zurück – bald sogar verbal. Wie schlägt ein Mutterherz höher, wenn ihr Kind ihr auf den Schoß krabbelt und ihr das Gesicht streichelnd sagt: „Mami, lieb!“ Ab dem fünften Lebensjahr wird sie hören: „Du bist die liebste Mami auf der ganzen Welt“, dem die kleinen Jungs dann noch hinzufügen: „Ich hochzeit Dich mal, wenn ich groß bin!“
Welch ein Lohn, den wir Mütter brauchen, nicht nur am Muttertag, dieses Geliebtwerden, das die Kinder übrigens am Umgang eines vorbildlich liebevollen Vaters mit seiner Frau prächtig abgucken können. Und das erweitern die Kinder bald auch auf weitere liebevolle Familienmitglieder: auf Väter, Großeltern, Geschwister und auf alle Personen, die sich im Umfeld durch ihren Liebeseinsatz um das Kind bemüht haben!

Im Grundschulalter schließt sich dieses Zeitfenster und macht einem anderen Platz. Das ist daran zu erkennen, dass die Gestalt in eine Streckphase eintritt, die auch das Untergesicht wachsen und den Babyspeck schwinden lässt. Das Kindchenschema hat ausgedient, erkennbar daran, dass sich die Gestalt des Kindes verändert. Aber der Genuss an uns Freude machenden Kindern kann durch die gesamte Erziehungszeit erhalten werden, allerdings: Zeit brauchen wir dazu in nicht geringerem Maß weiterhin! Je mehr es uns möglich ist, viel Zeit zum direkten Umgang mit unseren Kindern herauszuschinden, umso größer werden auch die Chancen zur Freude an ihnen.

Deshalb ist die Gestaltung der Wochenenden mit Ausflügen und gemeinschaftlichen Spielen sowie auch das umfängliche Feiern der Feste, besonders unserer christlichen Hochfeste, in diesem Alter von allerhöchstem Wert. Wie leuchten die Kinderaugen, wenn wir die Glocken läuten lassen und die Kinder das Weihnachtszimmer mit der geschmückten Krippe und dem erleuchteten Tannenbaum betreten! Wie schlägt hier beim Anblick der vor Freude in die Luft springenden Kinder das Glück unseres Christentums durch; denn in den Kinderaugen ist der Glanz der ganzen Wahrheit, wenn auch erst mehr oder weniger bewusst, aber elementar sichtbar.

Eine große Quelle zur vertieften Freude an den Kindern ist das Vorlesen, das ich als ein so wesentliches Tun bis in die Achtjährigkeit hinein sehr empfehlen möchte. Aber nicht immer ist allen Erziehenden klar, dass wir das Glück der Kinder und die Freude an den Kindern hier zu erstaunlichem Hochglanz bringen können, vor allem durch das Miteinander bei dieser Beschäftigung, durch das gemeinsame Betrachten der Illustrationen, durch das Eingehen auf die Fragen der Kinder; denn diese unbefangenen Fragen zeugen häufig von großer Nachdenklichkeit. Ja, sie sind in ihren Formulierungen manchmal sogar von origineller Witzigkeit!
Wenn die Erwachsenen dann auch noch im Kopf haben, dass auf diese Weise unübertroffen das gute Schullernen des Kindes vorbereitet werden kann, dann wachsen ihnen auch die Geduld und das Interesse an dieser Tätigkeit zu. Am Vorlesen lässt sich erkennen, wie sehr das richtige Tun zur rechten Zeit die Freude am Kind mächtig steigern kann, weil sich gleichzeitig die Beziehung vertieft und darüber hinaus vom Kind wertvolle Fähigkeiten erworben werden können. In diesem Fall ist es die Motivation zum Lesen, wie auch die lebenslängliche Freude am Buch. Was für ein kulturbildender Faktor! Was für eine Möglichkeit der Steigerung zu gemeinsamer Lebensfreude!

Spätestens im Grundschulalter ist deshalb auch der Ausbau der Tischgemeinschaft eine enorm wichtige Angelegenheit. Sie zu einem Ort zeitschenkender Freude zu machen, besonders beim Abendbrot, möchte ich jungen Familien dringend anraten. Es ist ja die Zeit, in der besonders Tischgespräche mit den Kindern von höchstem Wert sind. Sie wachen nun auf und wachsen – immer bewusster werdend – in ihr Umfeld hinein. Die Welt kommt durch die Schule auf sie zu, sie beginnen nachzudenken, wenn das nicht durch Überreizung, etwa durch einen dauernd laufenden Fernsehapparat, verstellt ist. Aber gesunderweise gieren sie jetzt geradezu nach Orientierung durch Vater und Mutter, und wie beglückend ist ihr Nachfragen, ihr Mitdenken, ihr Brennen darauf, Vorschläge zu machen und mitagieren zu dürfen! Wie viel Glück lässt sich hier gegenüber ihren Fragen durch wache Aufmerksamkeit finden! Unsere Kinder brauchen besonders in der heutigen Zeit als unumgängliches Notprogramm die tägliche Form des familiären Zusammenhalts ganz dringend, weil die Dampfwalze des indoktrinierenden Zeitgeistes so mächtig geworden ist. In Tischgesprächen mit den Kindern vom Grundschulalter ab können wir sie durch unser Eingehen auf ihre Fragen vor manchen Gefahren des Jugendalters bewahren! Dies ist auch die Zeit, in der sich spezielle Begabungen nicht nur erkennen, sondern auch direkt fördern lassen. Kinder, die im Grundschulalter die Gelegenheit bekommen, ihre Interessen zu konstruktiven Hobbys auszubauen, sind besser geschützt gegen die Fallen im Jugendalter.

Den Erziehern sollte täglich neu klar werden, wie wichtig das gesamte elterliche Verhalten, das eigene Vorbild, für ihre Nachkömmlinge ist. Alles Moralpredigen ist für die Katz, wenn wir den Kindern anständiges, liebevolles Verhalten nicht selbst

vorleben. Die Lebensfreude unserer Kinder ist deshalb auch abhängig von unserer eigenen positiven Stimmung. Ein Haus, in dem der Grundtenor durch Zuversicht und Optimismus gekennzeichnet ist, pflegt vor Lebensfreude zu bersten. Aber das ist nicht im mindesten selbstverständlich! Wie oft sind Kopf und Herz der Eltern mit Sorgen gefüllt. Doch lohnt es sich, die negative Stimmung zu Gott zu tragen und ihn um die Kraft zur Heiterkeit zu bitten. Griesgrämigkeit als Grundtenor ist sicher kein gelebtes Christentum, so hart unser Alltag auch sein mag. Unsere Kinder sehnen sich danach, einen fröhlichen familiären Tenor zu erleben und anzunehmen.
Auch das negative Vorbild färbt auf unsere Kinder ab! Damit dergleichen nicht einreißt, wirkt eine Stimmung der Dankbarkeit geradezu wie eine Schutzwand, und diese lässt sich am besten durch das tägliche Hinaufdanken installieren – bei Tisch und als Morgen- und Abendgebet.
Man sollte mit den Kindern auch Gelegenheiten zu gemeinsamer Freude suchen, mithilfe lustiger Spiele, mit gemeinsamem Singen oder Musizieren, vielleicht auch durch das Erzählen von Witzen wie durch humorvolle Lektüre.

Wichtig ist das Vorbild besonders im Bezug auf die eigene geschlechtliche Identität. Duale Nähe des Sohnes mit dem Vater, der Tochter mit der Mutter ist eine wichtige Hinführung für das Annehmen der eigenen Geschlechtlichkeit. Je älter sie werden, umso mehr öffnet sich dafür das Zeitfenster. Was der Vater mit jeweils einem seiner Söhne an Zeit investiert, kommt als einvernehmliche intensive Vater-Sohn-Beziehung lebenslänglich zurück! Was eine Mutter an Verstehen und an Intimität mit ihrer pubertierenden Tochter zustandebringt, bleibt lebenslängliche Harmonie zwischen beiden, besonders wenn die Tochter selbst eine Familie bildet und ein Austauschen und Helfen beim Erziehen der nächsten Generation in lockerer Weise für Mutter und Tochter zur Lebenserfüllung beiträgt.

Wenn wir christlichen Geist in unserem Alltag jeden Morgen neu zu unserer Grundlage machen, dann wird die Familie für unsere Kinder eine feste Burg, in der sie überstehen können, was an Krisen von außen an sie heranprasselt. Diese Einstellung kann uns mit Zufriedenheit erfüllen. Wir wissen uns dann mit einer beruhigenden Gewissheit auf der rechten Seite und können unser Leben nach dem Willen unseres Schöpfers zu realisieren suchen.

Wer seinen Kindern und Enkeln auch noch im Alter auf diese Weise eine klare Orientierung durch ein vorbildliches Christentum im Alltag vorlebt, darf darauf hoffen, dass den Heranwachsenden durch diese klare Richtschnur ein erfülltes Leben in christlichem Geist gelingt.

Wie kommen wir heraus?

SOS! Die Familie retten heißt Europa bewahren

Sind wir heute endlich reif genug, die große Gefahr für die Zukunft des christlichen Abendlandes zu erkennen? Klarsicht über unsere Situation lässt sich sogar aus den Offenbarungen des hl. Johannes lernen und aus dieser Erkenntnis lassen sich praktische Schlüsse ziehen, vor allen Dingen für die Intensivierung unseres Verhaltens in dieser bedrohten Situation.

Im neunten Kapitel, Vers 2-5 der Offenbarung des hl. Johannes heißt es:
„... und der Schacht des Abgrunds wurde geöffnet. Da stieg Rauch aus dem Schacht auf, wie aus einem großen Ofen ... Aus dem Schacht kamen Heuschrecken über die Erde, und ihnen wurde Kraft gegeben wie sie Skorpione haben. Es wurde ihnen gesagt, sie sollten dem Gras auf der Erde, den grünen Pflanzen und den Bäumen keinen Schaden zufügen, sondern nur den Menschen, die das Siegel Gottes nicht auf ihrer Stirn haben. Es wurde ihnen befohlen, die Menschen nicht zu töten, sondern nur zu quälen... Und der Schmerz, den sie zufügen, ist so stark, wie wenn ein Skorpion einen Menschen sticht ...“.

In diesem rauchverfinsterten Land leben wir. Diesen fressenden Ungeheuern sind wir seit fast 40 Jahren ausgesetzt; denn seit dieser Zeit versucht ein losgelassener Heuschreckenschwarm von Ideologen die Strukturen unserer Gesellschaft und damit unsere Zukunft aufzuweichen. In unverblümter Aussage soll die Familie als scheinbar veraltet(!) ganz abgeschafft werden.

Sie soll durch den Staat ersetzt werden, der durch seine Einrichtungen die Kinder vom Beginn ihres Lebens an in seine Hand nehmen will.

Diese Heuschrecken fielen rauschend über die Menschen in unserer Gesellschaft her, verstachen und zersetzten sie, brachten die schändlichsten Quälereien zustande und schafften es in der Tat, dass mittlerweile ungezählte Familien daran zerbrochen oder gar bereits ausgestorben sind, weil keine Nachkommen mehr nachwachsen. Dies braucht im Einzelnen nicht mehr aufgezählt zu werden. Sie sind jedem, der Augen und Ohren im Kopf hat, sichtbar: der riesige Scheidungsboom – in unseren Großstädten sind bereits 50% der Ehepaare davon betroffen! – meist durch das Unzufriedenwerden der Ehefrauen mit ihren Männern, – der ewige Zank der Paare miteinander, der Schwund der Eheschließungen durch das flüchtige Zusammenleben ohne Trauschein, das Stechen der Trennungsschmerzen, wenn beide auseinander gehen, das Zusammenwürfeln von Kindern aus Scheidungsfamilien in sogenannte Patchworkfamilien, in denen nur selten der neu erhoffte Frieden einkehrt, die von der Erziehung höchst überforderten Alleinerziehenden, weil einer der Partner aus der Familie ausbrach, die unendlichen Zerwürfnisse zwischen Jugendlichen mit ihren Eltern oder auch der heute 40–60-Jährigen mit ihren alten und hilfsbedürftig werdenden Eltern, oft mit totaler Abkehr voneinander unter gegenseitigen Schuldzuweisungen: Was für ein Elend!

In der Tat: Die Heuschrecken verursachen tiefgreifende seelische Schmerzen wie von stechenden Insekten, sodass das elende Auseinanderdriften und das sich gegenseitige seelische Verletzen hierzulande in einem schrecklichen Ausmaß unser

Leben beherrscht. Erwachsene Töchter schreiben ihren bedürftig werdenden Witwen-Müttern kaltherzig Abschiedbriefe, wie Kündigungsschreiben an einen ungeliebten Wohnungsbesitzer! Junge Mütter geben ihre kleinen Kinder weg – oder töten sie gar in abgrundtiefer Verzweiflung, wie wir kürzlich in einigen spektakulären Fällen alle mit Entsetzen haben zur Kenntnis nehmen müssen. Wie fundamental schadet Kindern das Zerbrechen ihres Nestes und das Pendeln zwischen den sich nach der Scheidung um sie und die Finanzen zankenden Eltern! Wie quälend ist es, diese Zerrissenheit eine Kindheit lang durchstehen zu müssen! Wie mindert es ihre Leistungsfähigkeit, wie bahnt dieses Schicksal chronisch depressive Charakterstrukturen an! Nicht zu sprechen von der Reue und den Leiden der jungen Frauen, die nicht selten von der eigenen Familie zur Abtreibung ihres Kindes genötigt wurden. So erschreckend viele sind das!

Es bedarf keiner umständlicher Analysen darüber, wodurch all das viele Unglück letztlich in der Tiefe hervorgerufen worden ist. Einmal mehr in der Geschichte war der „Rauch aus dem Abgrund", waren die Heuschreckenschwärme der Familienzerstörung dadurch vorbereitet worden, dass mit unendlich törichtem Hochmut ein Leben ohne Gott als Mainstream so lange verkündet und in unendlichen Wiederholungen vorgemacht worden war bis Millionen von Menschen – ohne zu wissen, wie ihnen geschah – in diese Falle liefen. Man meinte, Gott im Wohlstand nicht nötig zu haben, zumal das von den Protagonisten kühn landauf, landab als eine veraltete Masche diffamiert und nach allen Regeln journalistischer Kunst lächerlich gemacht wurde. Aber ohne Glauben sind die Leiden, die Menschen einander zufügen, schwer zu bessern.

Die Offenbarung schildert schließlich auch, was aus diesem Elend weiter werden wird, wenn sich nicht die Schar der aufgewachten Christen daran macht, die Heuschrecken mit kämpferischer Abwehr zu vertreiben, weil sie erspüren was, laut Johannes, sonst auf uns warten könnte. Schauen wir genau hin, was uns Johannes als eine Folge der zerstörerischen Prozesse durch die Heuschreckenschwärme sagen möchte: „Eine Stimme vom goldenen Altar vor Gott sprach: ‚Binde die vier Engel los, die am Euphrat gefesselt sind.“
Und:„Da werden die vier Engel losgebunden, dass sie töten den dritten Teil der Menschen!“ Off. 9,13-15. Man lese dort einmal nach, wie und wo das geschieht. Dort steht wörtlich: am EUPHRAT !

Es schadet nicht, wenn wir erschrecken, wir sollen, wir müssen erschrecken!!! Denn Christen können sich in dieser Situation Lauheit in keinem Fall mehr leisten! Es geht nun um das Letzte; denn wie Romano Guardini einmal sagte: „Europa wird christlich sein, oder es wird nicht sein.“ Jeder muss sich jetzt zurüsten, um in so später, fast schon zu später Stunde aufzustehen, gemeinsam aufzustehen, um zumindest die Familie zu retten, um das bedrohlich nahe Geschehen durch unsere Abwehr, durch unser Stehen zur Familie, durch unseren Glauben zu verhindern. Aufwachen, um Himmels willen aufwachen! Von den Politikern ist kaum Hilfe zu erwarten. Wir, die Christen in unserem Land sind gefragt.
Was also müssen wir tun?
Vor allem dürfen wir nicht vergessen, was auf dem Spiel steht! Zuerst also die gefalteten Hände. „Das Gebet“, sagt Max Thürkauf, „ist stärker als alle Kräfte der Atome. Im Gebet werden uns Wege gezeigt, von denen wir nie geahnt, die wir nie vermutet hätten. Und hinzunehmen müssen wir die benediktinische Regel, die da sagt: Ora et labora.“ Zum „labora“ gehört

in unserer Situation heute, dass wir die bekanntgewordenen Forschungsergebnisse und damit z.B. die Zahlen der Weltgesundheitsorganisation über die epidemisch gewordenen Depressionen bis zum Geburtenschwund als Mahnung verstehen und verbreiten müssen. Und die weiteren Voraussetzungen zur Abwendung der existenziellen Gefahr bestehen z. B. darin, dass wir uns um Zusammenhalt und um Frieden in den Familien bemühen, um der Kinder und vor allem um Gottes Willen und damit als Hoffnung auf Zukunft; denn wenn die Liebe in der Welt erkaltet, sagt Christus, endet die Geduld Gottes mit seinem Geschöpf Mensch. Deshalb ist die Familie seine Vorgabe. Deshalb ist sie der Garant unserer Gedeihlichkeit als Menschheit. Wenn wir zulassen, dass sie zerstört wird, zerstören wir unser aller Chancen.

Wir brauchen eine christliche Kulturrevolution!

Aber sie wird nicht zustandekommen, wir verpassen sogar in bedrohlicher Weise unsere letzte Chance, wenn wir uns verängstigt oder noch folgenreicher, wenn wir uns feige vor der Verantwortung drücken. Mit Duckmäusertum hat sich in der Weltgeschichte noch nie eine Wandlung zum Besseren ergeben – so kann uns die Geschichte belehren, so können wir es auch an der persönlichen Lebenserfahrung lernen. Die Geschichte zeigt, dass oft ein einzelner Mensch die Welt verändert hat, im Guten wie im Bösen. Gottes Hoffnungen richten sich auf die Einzelnen, auf die Tapferen, auf die in Liebe zu Gott Brennenden. Von unserer Erkenntnis der Wichtigkeit unseres persönlichen Einsatzes für Gottes Ziele mit seiner Schöpfung hängt viel ab. Sollten wir, die wir uns für Christus entschieden haben, nicht mit seiner Hilfe das Gute wollen und auch vollbringen können?

Der direkte Einsatz für die Familie durch unsere Treue für sie ist dabei von außerordentlich großem Wert; aber unsere neue, die friedliche, die christliche Revolution darf sich nicht allein auf die Personen beschränken, die zur Zeit etwas mit Kindererziehung zu tun haben. WIR ALLE SIND MITGLIEDER EINER FAMILIE. Wir KÖNNEN jetzt NICHT SCHLÄFRIG SITZEN BLEIBEN! Jeder muss sich mit vor den KARREN SPANNEN lassen. ES GEHT UM UNS ALLE, daher sind wir alle gefragt: als Lehrer, Erzieher, Großeltern, als Ausbilder und Geistliche, als Angehörige eines Clans, als erwachsene Kinder alter Eltern, als Mütter und Väter, als Paten, sogar als Singles und erst recht als Verantwortliche der Kirche, der Politik, der Wirtschaft und der Medien.

Viele der Medienschaffenden haben sich in einer Ideologie der Gleichheit und des Neides festgefahren, sie laufen blind dem Mainstream des Selbermachens ohne Gott hinterher. Trotzdem dürfen wir auch bei ihnen auf ein Aufwachen hoffen. Es gibt bereits einzelne mutige Sender, mit denen wir zusammenarbeiten können und die die seriösen wissenschaftlichen Forschungsarbeiten, unsere Erfahrung und unser Wissen an die Öffentlichkeit weitergeben.

Also aufstehen! Hört diese Internationale von den Christen im christlichen Abendland!

Wie könnte dies konkret aussehen? Es geht vor allem darum, sich zusammenzuschließen und sich nicht abzusondern, nicht zu versuchen, im Alleingang „die Welt zu retten“, sondern sich aktiv einzusetzen, z.B. bei „Kirche in Not“, im „Verein Verantwortung für die Familie“, im Netzwerk, das gebildet wurde unter dem Namen „Familie ist Zukunft!“ MITMACHEN ALSO!

Längst sind Programme, Manifeste, Memoranden erstellt. Sie lassen sich von jedermann verteilen und verbreiten.
Doch es muss jetzt getan werden – ohne Furcht vor Schmähung, die sicher nicht ausbleibt. Vergessen wir eines nicht: WIR SIND DAS VOLK! Wir sind die Urbewohner dieses Landes – WIR CHRISTEN! Wir müssen mit Leidenschaft neu das Glück der Jungen wollen, statt die Zerstörung ihrer Zukunft; denn ist die Zahl der nach Rasenmähermanier zur Gleichheit Gestutzten und die geistige Verarmung erst groß genug, so wird der Schwenk in eine atheistische sozialistische Einheitsgesellschaft à la Sowjetunion unausweichlich. Unsere jüngsten Landtagswahlen haben bereits bewiesen, wie groß diese Gefahr schon unmittelbar vor unserer Tür steht – als Rauch aus dem Abgrund! Wollen wir das – wirklich?

Es ist in diesem Buch schon mehrfach gesagt worden: Es gibt mittlerweile schon viele Menschen in unserem Land, die die Gefahr erkennen. Klarsichtige Eltern machen ernst mit ihrem Glauben, kehren sich ab vom lauen oder verweltlichten Modernismus, der leider auch in die Kirche eingedrungen ist. Sie versuchen, in ihrem Alltag verantwortungsbewusst zu leben und nehmen die zehn Gebote wieder ernst. Erfreulicherweise kümmern sie sich auch mehr um ihre Kinder: durch pflegliche Umgangsformen, durch Mitmenschlichkeit, gezielte Medienauswahl und Freizeitgestaltung. Das sind Familien, in denen die Einsicht wächst, dass wir in den letzten Jahren falschen Göttern nachgerannt sind. Wir haben die beiden gängigen atheistischen Ideologien (den kapitalistischen und den dialektischen Materialismus) auf den von Gott entleerten Thron gehoben und in beschämender Weise vom liberalistischen Sozialismus ohne Gott seit 1968 unser Leben, unsere Medien, unsere Institutionen unterwandern lassen.

Allgemein wächst die Einsicht, dass die geistige Armut in unserem Land ein immer größeres Problem wird, weil das Konzept falsch ist. Wir können nicht die „Selbstmacher der Zukunft" sein; denn die atheistische Ideologie der Angleichung aller an alle entspricht nicht dem Wesen des Menschen. Jeder Einzelne ist doch anders als der Andere, wie der DNS-Code beweist, jeder ist vom Schöpfer gemeint – als eine Hoffnung von IHM auf ein Leben in Liebe. Damit dieses Ziel realisiert werden kann, deshalb wurde von IHM die Familie eingesetzt. Dort kann Liebe gelehrt und gelernt werden.

Wir müssen es den Eingelullten nachhaltig vermitteln: Die atheistische Weltsicht ist gescheitert, sie hat an den Abgrund geführt mit Heuschreckenschwärmen von Leid und Elend. Das Christentum hat stattdessen seine realistische Wahrheit erwiesen. Das können wir umso mehr belegen, je mehr sich zeigt, dass es neuerdings sogar in Einklang steht mit den modernen Neurowissenschaften. Das Gehirn, dieses göttliche Werk in unserem Kopf, kann sich durch LIEBLOSIGKEIT, Unnatürlichkeit und Vernachlässigung sogar aus dem Gleichgewicht bringen lassen, unter Umständen für das ganze spätere Leben! Bereits 20% der Fünfjährigen sind behandlungsbedürftig! Schulkinder können nicht mehr stillsitzen, es gibt so viele Loser (Verlierer) unter denen unser Sozial- und Gesundheitssystem zusammenzubrechen droht!

Warum hat uns Gott die Mutter in Gestalt von Maria so eindringlich vor Augen gestellt, dass es keine Gestalt in der abendländischen Kunst gibt, die so häufig gemalt worden ist wie sie? Sie ist das große Vorbild für Mütterlichkeit schlechthin! Doch der törichte Geist der Moderne hat es verstanden, den Frauen einzublasen, dass nichts dümmer und lächerlicher sei, als eine liebevolle Mutter zu sein! Wahrhaft ein böser Geist, der die jungen Frauen dazu gebracht hat, ihm das Ohr zu leihen. Durch Propaganda für Verhütung, durch Abtreibung, durch Karriere-Befürwortung sucht er sein Ziel zu erreichen.

Seit 40 Jahren hat man versucht, die wichtigste Person für unser Überleben und damit den wichtigsten, den wertvollsten, den unaufgebbarsten Beruf aller Berufe abzuschaffen – die Mutterschaft, leider mit beklagenswertem Erfolg. Welch ein Wahnsinn! Mutterschaft ist der Beruf, der der Liebe dient, ohne die der Mensch niemals je menschlich und erst recht nicht kultiviert leben kann! Schon dadurch zeigt sich, dass Christus selbst mit seinem beispiellosen Lieben in der Tat DER Weg, DIE Wahrheit und DAS Leben für die Menschheit und für ihr Überleben in Zukunft ist. Es ist unser Auftrag als Christen, in einer Zeit höchster Gefahr diese unaufgebbare Bedingung bewusst zu machen.

Wenn wir diese Einsicht zu unserer Richtschnur machen, wird klar, dass wir von der Tiefe her ganz neu anfangen müssen. Im Grunde müssten wir alles ändern: den Geist in den Medien, in der Schule, in der Politik, in der Familie. Vor allem müssen wir uns mit brennenden Herzen um das Überleben des christlichen Abendlandes bemühen, indem wir den modischen Maßlosigkeiten entgegentreten – damit wir menschlich bleiben.

Diese Kriterien muss auch der Familienvater im Bewusstsein haben und danach handeln! Selbst die Basis des Lebens klappt nur auf dem Boden von getreuer einsatzbereiter Vaterschaft. Ohne die Väter geht es mit der Erziehung sehr viel schwerer. Die Familie braucht seinen vorsorglichen Geist, sie braucht auch das Opfer und den Einsatz des Mannes!

Ihr christlichen Männer, steht doch auf, schließt euch zusammen, trommelt, ruft laut, lauter: Wozu habt ihr eure lautstarke Stimme? Lasst euch doch nicht in die Ecke drängen und zum Schweigen bringen! Die euch anvertraute Familie ist in Gefahr! Es braucht eine neue Bemühung um einen besseren Schutz für sie! Eine zusammenhaltende Familie überlebt in Krisenzeiten besser als Single-Helden, hat jüngst FAZ Herausgeber Frank Schirrmacher in seinem Buch „Minimum“ mit einem historischen Beispiel belegt.
Auch Großeltern haben immer unendlich gute Kleinarbeit geleistet, um Enkeln durch ihre Liebe zu einem gesunden Glaubensleben und zu seelischer Gesundheit zu verhelfen! Das muss in direktem Widerstand gegen den Zeitgeist reanimiert werden!

Der Schwerpunkt allerdings liegt auf der Renaissance der Mutterschaft. „Mutter als Beruf“ heißt deshalb unser von der Hirnforschung abgestütztes Programm. Christliche Eltern verstehen das Aufziehen von Kindern als einen Auftrag von Gott, als anvertraute Leihgaben von IHM in höchster Verantwortung, in genauer natürlicher Beachtung seiner Vorgaben. Viele internationale wissenschaftliche Studien bestätigen die größere Intelligenz der im Elternhaus durch Vater und Mutter betreuten Kindern, hingegen hat man die Folgen der Trennung vor allem von der Mutter im Kleinkindalter im Speicheltest als Stress-Pegel gemessen, der oft lebenslänglich erhalten bleibt!

Mütter müssten deshalb während der Schwangerschaft über den außerordentlich hohen Wert ihrer Gegenwart und ihrer Mühewaltung in der Phase der Ausgestaltung des Kinderhirns nachhaltig informiert werden. Mutterschaft sollte deshalb in unserer so bedrohten Situation unbedingt ein von der Gesell-

schaft finanziell getragener Beruf mit Rentenanspruch sein, wie der Freundeskreis „Verantwortung für die Familie e.V." dies bisher vergeblich seit 20 Jahren den Regierungen abgefordert hat. Langfristig würde das genau jene Sanierung bedeuten, um die die Politiker jetzt vergeblich ringen. Die Arbeitslosigkeit ließe sich in den Griff bekommen:
a) indem weniger arbeitsunfähige Kinder heranwüchsen und
b) indem der Mutterberuf andere Arbeitsplätze freimachen würde.
Mutterschaft müsste als der wertvollste aller Berufe anerkannt werden. Die Mutter muss von der Gesellschaft als wichtigster Überlebenspfeiler hoch, sehr hoch geachtet werden. Dann wird es auch bald genügend junge Frauen geben, die diesen wertvollsten aller Berufe ergreifen wollen! Bei entsprechenden Hilfen jenseits der Erziehungsarbeit sollte natürlich auch anderweitige Erwerbstätigkeit und damit Selbstbestätigung für Frauen möglich werden.

Das sollte sich doch erreichen lassen! Wir müssen es nur nachdrücklich und mit Vielzahl verkünden. Seit bereits 40 Jahren mahne ich eine solche Wende öffentlich an – mit Prognosen, die bereits alle eingetreten sind. WIR MÜSSEN AUFSTEHEN UND DIE ZUKUNFT WOLLEN! Jeder für sich selbst, für die eigene Familie, für alle – in erster Linie für Gott, der dies von uns erwartet!

Eine zweite zentrale Aufgabe für eine gesündere Gesellschaft müsste deshalb in der Überwindung des destruktiven Feminismus bestehen. Die militanten Feministinnen sagen es unverblümt: Wir kämpfen nicht nur um ein wenig Quote; nein, wir wollen die Macht über die Männer. Die von ihnen beschworene Männin ist nun schon längst installiert! Aber mit ihr lässt

sich Zukunft nicht gewinnen! Ein hoher Prozentsatz der vierzigjährigen Akademikerinnen hat keine Kinder! Was hülfe es denn, wenn sie die ganze Welt gewönnen und richteten doch so viel Schaden für unsere Zukunft an!
Machtkämpfe zwischen den Geschlechtern haben uns keinen Segen gebracht. Den kann allein die Liebe, und das heißt die gegenseitige Akzeptanz von Mann und Frau erbringen. Ihre hormonell angelegte Unterschiedlichkeit muss bekannt gemacht werden. Gegenseitige Achtung voreinander sowie der Großmut, mit den Fehlern des anderen leben zu wollen, kann dann neu gelebt werden. Das geht aber nur im Geist der Versöhnung.
Beglückende Gemeinschaft enthält die Möglichkeit, sich gegenseitig zu ergänzen im Bemühen um die gemeinsame Verantwortung für die gemeinsamen Kinder. Diesen gelingt die Akzeptanz ihrer geschlechtlichen Identität eher, je mehr die Eltern besonders in der Phase von deren Ausgestaltung als Vorbild vorhanden sind.

Was darüber hinaus unbedingt beachtenswert ist, soll wegen seiner Wichtigkeit auch in diesem Zusammenhang noch einmal kurz erwähnt werden:
Eine pflegliche Beschränkung des Fernsehkonsums und des Surfens im Internet in den Familien ist notwendig! Man sollte die Kinder nicht wahllos die Programme einschalten lassen. Der Fernseher darf nicht im Familienmittelpunkt platziert sein und sollte keineswegs ständig laufen. Die Computernutzung muss vorsorglich gemindert werden. Besser ist es, mit den Kindern allenfalls gemeinsam fernzusehen, um das Gesehene dann auch zu kommentieren und mit ihnen darüber orientierende Gespräche zu führen.

Frühzeitig muss auch dem Abdriften der Pubertierenden in den Jugendsex und in die Discowelt vorgebeugt werden. Am besten funktioniert das, wenn man ihnen bereits im Grundschulalter dazu verhilft, auf ihren speziellen Begabungen ein Hobby aufzubauen – je nach Interesse der Kinder auf sportlicher, musikalischer, technischer, sozialer Art; denn mit Verboten allein ist den massiven Verführungsmöglichkeiten im Jugendalter gewiss nicht beizukommen. Darüber hinaus müssen die Kinder in diesem Alter durch Bemühung ihrer Eltern Lebensweisen lernen, die ihre Kultivierung fördern. Das geht am besten bei der täglichen Tischgemeinschaft. Die Wichtigkeit der Tischgemeinschaft (nach einem Dankgebet) kann heute gar nicht genug betont werden. Darauf sollte man im Fastfoodzeitalter auf gar keinen Fall verzichten! Die Kinder brauchen nicht nur das Lernen von Tischmanieren, sie brauchen Gespräche, die ihnen Orientierung vermitteln, die helfen, dass sie nicht den Verführern anheimfallen. In diesem Alter müssen die Kinder immer wieder darüber unterrichtet werden, wie man durch Rauchen, durch Ecstasy, durch Hasch und andere Rauschgifte sein Leben zerstört – und wie nötig es ist, hier nicht mit den uninformierten Mitschülern gleichzuziehen, weil alle diese Stimulanzien zur Sucht führen, von der man dann nicht mehr loskommt.

Das erfordert allerdings einen hohen Einsatz an Zeit der Eltern für die Kinder, an echter Gemeinschaft, wie im Kapitel zuvor bereits angeregt. Es muss mit den Jugendlichen auch über den tiefen, den lebenserleichternden Sinn des Glaubens immer wieder gesprochen werden.

Aber was in meiner Vision einer christlichen Kulturrevolution und der Sanierung zu einer gesunden Gesellschaft darüber hinaus unumgänglich ist, ist die Reanimierung des christlichen Geistes in der Schule und den Ausbildungsgängen im Computerzeitalter vor allem durch wache Elternproteste. Weder gleichmacherische Kollektivierung noch elend verkopfte, verintellektualisierte Dressur kann der Erziehung zum Menschen angemessen sein. Neben einem sanierten gestrafften Lern- und Ausbildungsprogramm sollte die neue Schule Raum geben für das dem Menschen spezifisch Notwendige: Ethische, am christlichen Glauben ausgerichtete Orientierung und Beachtung seiner Individualität, seiner Würde – auch als Kind!

Gesunde seelische Entfaltung und eine Zukunft wird es nur geben können, wenn sich der Mensch von seinem Größenwahn abkehrt; wenn er sich wieder nach Gott auszustrecken beginnt, auf das Ziel zu, dass das Reich Gottes, das Reich der Liebe auf Erden wachsen möge. Jeder von uns hat diesen Auftrag, jeder von uns an seinem Platz, mit seinen spezifischen Gaben. Zu dieser Entscheidung müssen wir immer wieder neu aufbrechen!

Nur mit der Aktivierung unserer Bevölkerung und mit einem neuen, durch die Kirche einhellig unterstützten Bewusstsein über die uns Europäer bedrohende Gefahr kann es möglich werden, unseren trägen schläfrigen Wohlstandsegoismus zu überwinden, sodass die Verantwortung für das Ganze, für das Seelenheil und die Zukunft aller wieder in unser Blickfeld rückt. Das kann nur unter täglichem Bitten um Kraft und um Gottes Erbarmen geschehen. Denn nur dann haben wir Aussicht, dass wir menschlich bleiben. Nur so wird uns Zukunft zuteil werden!

Leuchtende Wegweiser

Anregungen zum Zölibat aus psychologischer Sicht

Es ist nicht nur die Familie allein, die zur Vorgabe Gottes bei der Erschaffung des Menschen gehört. Christus hat uns mit dem ausführlichen Bezug auf seine Jünger noch eine ganz besondere elitäre Möglichkeit der Verwirklichung seines Willens im Menschenleben zum Ausdruck gebracht. Das ist das ehelose Leben im Totaleinsatz des Dienstes für den Herrn - der Zölibat. Diese katholische Lebensform wird heute vom Zeitgeist in mächtigen Angriffen infrage gestellt. Deshalb soll in diesem Kapitel berichtet werden, in welcher Weise vor allem junge gläubige Männer hier heute stehen, besonders wenn sie von einer Neigung zum Priestertum erfasst werden. Wie sich solche Fragen aus der Sicht psychotherapeutischer Praxis darstellen, soll im Folgenden mit der Hoffnung auf mehr Abklärung berichtet werden.

1. Anfragen

Ein Abiturient sucht mich auf. Er habe Probleme im Hinblick auf seine Berufswahl, schrieb er mir. Ob er sie mir einmal vortragen dürfe: Sein Vater, so berichtet der Schüler, habe ein gutgehendes Geschäft aufgebaut. Für das habe er sich von Kindheit an sehr interessiert. Er sei der Älteste von drei Söhnen. Vater wünsche ihn sehr als seinen Nachfolger, aber auch die Brüder würden das Geschäft gerne übernehmen. Allerdings habe er auch andere Interessen. Er sei in einem Chor, spiele Gitarre, sei aktiv in der kirchlichen Jugendarbeit. Am liebsten lese er allerdings – Philosophie, Psychologie, Theologie.

Das seien Wissensgebiete, die ihn anzögen. “Aber was kann man heute damit schon werden“, seufzt er. Ich frage, ob er sich nicht manchmal tagträumend in einer beruflichen Situation vorstelle. Er nickt plötzlich sehr ernst, zögernd bringt er es dann doch heraus: „Ja“, sagt er, „als Priester“. Und dann sprudelt er los: „Aber ich weiß nicht, ob ich eigentlich wirklich dazu tauge. Müsste ich nicht einen Ruf hören, wie Moses oder Paulus? Nun will ich mich von Ihnen gewissermaßen auf meine Tauglichkeit prüfen lassen, gerade von einer nicht beruflich an die Kirche gebundenen Person. Ich möchte nicht irgendeiner Selbsttäuschung erliegen – und da bin ich mir eben nicht sicher. Vor allem plagt mich die Frage: Werde ich die Ehelosigkeit durchhalten können? Im Grunde sehne ich mich doch jetzt schon manchmal nach einer Frau.“

Zwei Wochen später sitzt ein junges Mädchen vor mir, Schülerin der 12. Klasse einer westfälischen Schule. „Dass ich in einen Orden eintreten will, das steht fest“, sagt sie, „aber zwei Probleme bewegen mich: Ließe es sich irgendwie vermeiden, dass ich mich eines Tages doch in einen Mann verliebe, und wie bringe ich meinen Eltern, die ungläubig sind und überhaupt kein Gefühl für Religion haben, meine Entscheidung bei? “

Einige Tage danach erreicht mich ein Brief: „Ich bin 24 Jahre alt, studiere katholische Theologie und möchte Priester werden. Ich fühle mich sehr zum Evangelium hingezogen und möchte die Frohe Botschaft der Liebe Gottes auch an andere Menschen weitergeben. Darum stelle ich mir immer wieder die Frage, ob mich Gott auch wirklich zu dieser großen Aufgabe berufen will. Ein Zweifel, ob ich für den Priesterberuf geeignet bin, kommt aus der Verpflichtung zum Zölibat. Ich bin der Überzeugung, dass die Ehelosigkeit für den Priester, für seinen Dienst sehr viele Vorteile mit sich bringt. Doch in meiner Umgebung stelle ich fest und höre immer wieder, dass Priester mit ihrer Ehelosigkeit nicht zurecht kommen und damit große Probleme haben. Ich meine damit nicht einmal, dass einer in einem eheähnlichen Verhältnis lebt oder gar eine homosexuelle Beziehung unterhält, sondern dass Priester »komisch« geworden sind. Sie haben Probleme im Umgang mit Frauen, sind verschlossen, bauen eine Mauer um sich herum auf oder stürzen sich in „Ersatzbefriedigungen", wie große Autos, pompöse Ausstattung des Pfarrhauses, Alkohol, Zigaretten, Verhätscheln des Hundes ... In diesen Fällen ist doch einiges falsch gelaufen. Ich sehe bei Priesteramtskandidaten die Gefahr, die eigene Sexualität zu verdrängen. An mir selber erlebte ich, dass für mich das Thema Sexualität tabu war, ich wollte mit niemand darüber sprechen. Darauf möchte ich meine Anfrage richten: Welche Voraussetzungen müssen erfüllt sein, damit ein Leben in der Ehelosigkeit gelingt und nicht eine Qual wird oder gar zu Selbstzerstörung führt? Gerade auch im Umgang mit Mädchen merke ich, dass ich eine gewisse Berührungsangst habe und auch von Zärtlichkeiten Abstand nehme. Ich spüre zwar einerseits, dass mir solche Zärtlichkeit irgendwie gut tun würde, aber anderseits habe ich Angst, mich zu verlieben und zu verlieren. Ich vermute, dass viele Priester diese Spannung spüren. Für manche endet sie damit, dass sie hart zu sich werden und Zärtlichkeiten ganz aus dem Weg gehen; für andere damit, dass sie sich in eine Beziehung zu einer Frau einlassen. Beide Wege halte ich für schlecht. Es muss doch andere Wege geben, und für mich stellt sich die Frage, wie ein Priester auch eine Freundschaft zu einer Frau leben kann; ohne dabei den Zölibat zu verletzen."

Fragen über Fragen. Die mönchische, von Armut, Ehelosigkeit und Gehorsam geprägte Lebensform heute in unserem Land zu wählen, mitten im Wohlstand, im Zeitalter der Sexwelle, das zugleich von der „Erziehung, zum Ungehorsam“ bestimmt wird – das ist in der Tat ein ganz außergewöhnlicher Entschluss. Er ist schwer. Dennoch stellen sich seit neuestem immer mehr nachdenkliche junge Menschen die Frage nach ihrer Eignung für den Dienst in der katholischen Kirche. Dabei steht vor der Entscheidung nur allzu oft als ein Hauptproblem die Frage nach der Fähigkeit zum Zölibat. „Welche psychischen Voraussetzungen müssen bei mir erfüllt sein, damit ich die Hoffnung haben kann, dass ich die Ehelosigkeit wirklich durchhalte?“ So fragte mich kürzlich knapp und präzis ein bayerischer Ministrant in einem Brief.

Ich habe mir vorgenommen, in diesem Kapitel meine Gedanken zum Zölibat aus der Sicht der christlichen Psychotherapeutin darzulegen, in der Hoffnung, in diesen schwierigen Fragen bei der Entscheidung ein wenig Hilfe leisten zu können. Dabei muss vorausgeschickt werden, dass es anmaßend wäre zu meinen, hier allein von der Psychologie her Weichen stellen zu können und zu dürfen. Nicht der Fragende selbst, nicht der beratende Psychologe besitzt die Vollmacht, Nachfolge zu bestimmen. Christus ist es, der heute wie damals in diese besondere Form seiner Nachfolge beruft, wen er will. Nur wenn sie in gläubiger Ehrfurcht vor dieser biblisch bezeugten Wirklichkeit geschieht, kann psychologische Beratung in Fragen einer solchen Berufung in die Nachfolge und in den Dienst Christi hilfreich sein. Behutsames psychologisches Nachdenken wird vor allem dort eine Mithilfe sein, wo durch zagenden Skrupel, wo durch Bedrängnis oder Widerstand der Umwelt Barrieren aufgebaut worden sind oder wo bedenkliche Motive vorliegen. Gerade in solchen Situationen ist es legitim, bei dieser so folgenreichen Entscheidung auch den Psychologen zu befragen.

Berechtigt werden zu einem Votum kann er freilich nur in der Hochachtung vor der Fragestellung, die ihm aus der Erfahrung mit dem Leid falscher Lebensentscheidungen in seiner Beratertätigkeit zugewachsen ist. Das liebende Verständnis für junge Menschen, die sich Fragen, wie die vier am Anfang zitierten, stellen, legitimiert hier zu psychologischer Mitsprache.

2. Psychische Voraussetzungen der Entscheidung

Vermutlich gibt es ein erstes Kriterium für das Erkennen von Berufung: ein Gefühl der Sehnsucht, des Hingezogenwerdens; eine intensive „Neugier", bei Jesus in die Schule zu gehen, ihn kennenlernen zu wollen, ihm näherzukommen. Wer vor einer solchen Entscheidung steht, sollte eine solche Gestimmtheit, einen solchen Impuls der Zuneigung kennen.

Einfacher, aber viel seltener ist die Entscheidung auf dem Boden eines gefühlsstarken Erlebens von Ergriffenheit. Bereits in diesem Wort ist das enthalten, was unser Gefühl dann signalisiert. Der Zugriff Gottes, ein Erbeben des ganzen Menschen. Davon spricht Christus zu Nikodemus und kleidet es in die Metapher: „Wenn jemand nicht geboren wird aus Wasser und Geist..." (Joh 3,5). Die Theologen sehen dieses so wichtige Wort gewiss mit Recht in Beziehung zum Taufsakrament. Ich nehme an, dass es ganz schlicht auch heißen kann: Voraussetzung für die Nachfolge ist, dass du in deinem ganzen Sein durchdrungen bist von diesem Geschenk und dass du zu spüren beginnst: Ja, dies ist es, hier ist das wahre Leben; und dieser Wahrheit zu dienen, darauf kommt es an, dies ist mit meinem Leben gemeint. In solchem Fall weist das Gefühl bereits die Ausschließlichkeit des Jesuswortes auf: „Komm, folge mir nach." Eine Gestimmtheit dieser Art ist von „Be-Geisterung", von tiefer, das Ich überschreitender Liebe zu Gott gekennzeichnet, als Antwort auf seine absolute Liebe. Ein solches

Erschüttertsein, ein solcher Zugriff des Unbedingten ist eine starke Basis, um die Nachfolge Christi in einem geistlichen Beruf lebenslang treu durchzuhalten.

Freilich ist eine solche radikale Gefühlsbeteiligung nicht unabdingbare Voraussetzung. Sehr oft findet eine allmählich wachsende Annäherung erst während des Studiums den Weg in die Nachfolge. Der Mensch hat, in der Begeisterung der eben beschriebenen Art, die Freiheit der Entscheidung für eine der verschiedenen Formen der Nachfolge. Es gibt auch das Laienapostolat und viele Formen des ehrenamtlichen und beruflichen Dienstes in der Kirche ohne die Verpflichtung zum Zölibat. Der Dienst des Priesters aber setzt in der (römisch-) katholischen Kirche eine Entscheidung für die Ehelosigkeit „um des Himmelreiches willen", um Christi und seiner Herrschaft willen, voraus. Der priesterliche Dienst in der Nachfolge Christi fordert den Berufenen ganz, sodass eheliche und familiäre Verpflichtungen ihn einschränken würden. Der Wille zu einem Einsatz, der das bewusste Opfer eines sogenannten „Privatlebens" einschließt, sollte in der Entscheidung bestimmend sein. Notwendig ist eine Grundentscheidung, aber damit verbunden auch das Wissen, dass man in diese Entscheidung tiefer hineinreifen muss im Leben, wie dies auch für die Ehe gilt.

Allerdings macht die Freiheit der Entscheidung, die Gott uns als Menschen gewährt, es für jeden nötig, sich zu fragen, ob sein Zugehen auf einen mit dem Zölibat verbundenen Dienst aus ungeklärten, falschen Beweggründen kommt. Es ist anzunehmen, dass manche der jungen Leute, die in ein Priesterseminar oder in einen Orden eintreten wollen, noch unausgegorene Gründe für diese Berufswahl mitbringen. Aber gerade

deshalb ist es von größter Wichtigkeit, dass spätestens im Laufe der Studienzeit eine sorgfältige seelische Prüfung vollzogen wird, um sich all seiner Motive bewusst zu werden; denn oberflächliche Gründe tragen nicht. Sie sind nicht geeignet, eine angemessene Basis für einen solchen bedeutungsvollen Lebensdienst zu sein.
Unzureichend sind alle jene Motive, die allein aus Reaktionen auf Menschen entstanden sind. Man kann nicht Nonne werden, um sich an einem brutalen ungläubigen Vater, dessen blasphemische Schimpfkanonaden man eine Kindheit lang ausgehalten hat, zu rächen, gewissermaßen um des süßen Gefühls willen, das man empfindet, wenn man dem Vater den beschlossenen Eintritt in den Orden verkündet. Man kann nicht Priester werden als der vielleicht ein wenig zu kurz gekommene mittlere Sohn einer frommen Mutter, weil man hofft, dass man von nun an in ihren Augen der beste unter all den Geschwistern sein werde. In jedem Fall sollte man sehr genau prüfen, ob die Entscheidung nicht vielleicht aus Begeisterung für eine geliebte fromme Lehrerin oder allein wegen eines faszinierenden jungen Vikars geschieht.

Ebenso wichtig ist es, sich nicht aus Angst vor dem Unverständnis der Eltern – wie es am Beispiel des psychologischen Rat suchenden Mädchens ersichtlich war – oder durch den väterlichen Wunsch nach einem Nachfolger für das eigene Geschäft von der inneren Neigung abbringen zu lassen. Der Mut, standhaft der inneren Neigung mehr Gewicht beizumessen als »weltlichen« Meinungen, zahlt sich gewiss aus. Die „Welt" hat sich schon immer anmaßenderweise dem berufenen Christen überlegen gefühlt und ihn oft lächerlich zu machen versucht. Heute ist das eher noch stärker geworden als in vergangenen Zeiten. Einem Unverständnis dieser Art darf aber jetzt, da einmal mehr alle liberalistischen Versuche der Selbsterlösung so kläglich gescheitert sind, mit besonders glaubensgewisser Gelassenheit begegnet werden.

Zu prüfen ist aber auch, ob eine heimliche Lebensangst das Hauptmotiv zur Entscheidung ist. Zwar dürfen die „sicheren" Berufsaussichten entlasten, aber die Aussicht auf materielle Versorgtheit darf nicht im Mittelpunkt stehen. Um sein Brot braucht ein Diener der Kirche in der Bundesrepublik Deutschland (noch) nicht zu bangen, doch als bequemer Lehnstuhl ist die Nachfolge Christi nicht gedacht.

In meiner psychotherapeutischen Praxis habe ich erfahren, dass heute, im Sexzeitalter, manche junge Menschen bereits in ihrer Kindheit einen Schock, ein sexuelles Trauma erlitten haben, entweder durch sexuelle Verführung oder durch brutale verfrühte Aufklärung schamloser Erwachsener. Es schaudert die so Verwundeten, wenn sie sich eheliche Zweisamkeit vorstellen. Tief in ihrer Seele gibt eine Ehescheu den Ausschlag zur Zölibatsentscheidung. Manche Jugendliche hatten zum Beispiel einen Vater oder eine Mutter, die durch negatives Verhalten eine den Heranwachsenden tief eingeprägte unaufgebbare Angst und Abscheu vor dem anderen Geschlecht hervorriefen, sodass eine Ehe ihnen prinzipiell undenkbar erscheint. Besonders ist das der Fall, wenn die Erziehenden vom gleichen Geschlecht als Vorbilder so unzureichend waren, dass es den Jungen unmöglich erscheint, als ein Mann wie Vater oder als eine Frau wie Mutter, ein annäherungsweise ähnliches Eheleben zu führen wie diese es negativ vorlebten.

Es ist auch gar nicht selten, dass ein junger Mann in der Pubertät von der eigenen Sexualität wie von einer Riesenmacht angefallen worden ist; von einer Macht, vor der er sich als ohnmächtig, als entmachtet erlebt hat, sodass er ihr voller Furcht zu entfliehen sucht und hofft, durch Rückzug in eine neutrale Umgebung ohne Konfrontation und Auseinandersetzung mit der Sexualität das sexuelle Problem lösen zu können. In Wirklichkeit verdrängt er es auf diese Weise aber nur. Manchmal ist es auch der Fall, dass ein junger Mann oder ein Mädchen (wie BRAVO es doch vorschreibt) ein erotisch-sexuelles Gefühl angesichts einer Person, eines Körpers des anderen Geschlechts nie verspürte, stattdessen aber sehr rasch bei Gleichgeschlechtlichen, sodass die auf diese Weise tief verunsicherten jungen Menschen nun vor dem Sturm der Orientierungslosigkeit und Verzweiflung in ihrem Innern einen ruhigen Hafen suchen.

Ein weiterer Aspekt betrifft die Situation, dass der junge Mensch sich bereits in schwere Schuld verstrickt hat, vielleicht durch einen Rechtsbruch, durch gewalttätige Aggressionen gegen Angehörige. Nun hofft er, durch eine Lebensentscheidung zum Priester- oder Ordensstand Sühne leisten zu können.

Mehr junge Menschen, als wir es uns vorstellen können, sind in ihrer Seele bitter einsam, finden keinen Kontakt, sind zu schüchtern, um sich an Gesprächen zu beteiligen, haben Probleme mit dem Essen, mit dem Lernen, mit der Figur, mit dem Aussehen, sodass sie meinen, niemals je in diesem Leben etwas darstellen zu können, nie je anerkannt zu werden oder es „zu etwas zu bringen".

Noch andere haben sich auf der Welle des Zeitgeistes mittreiben lassen, haben mit 15, 16 oder 17 begonnen, mit ihrem Freund, ihrer Freundin zu schlafen, wurden dann sitzen gelassen. Ihre Geliebten gingen fremde Wege, nahmen vielleicht weitere Beziehungen auf, etwa mit der besten Freundin, dem besten Freund, und nun stehen sie im tiefen Schmerz ihrer Liebesenttäuschung allein da. Wieder andere haben sich in den Strudel wahlloser sexueller Kontakte begeben und sind nun enttäuscht, übersättigt, voller Ekel.

So verständlich es ist, in all diesen notvollen Lebenslagen nach einer Ausflucht zu suchen, so bedenklich ist es, allein aus reaktiven Gründen, gewissermaßen in resignativem Trotz, zu sagen: „Nun, dann gehe ich eben ins Kloster." Man handelt dann praktisch nach dem Motto: Besser den Spatzen (die Kirche) in der Hand, als die Taube (die Welt) auf dem Dach. Nein, wem die Trauben zu hoch hängen oder zu sauer erscheinen, mit andern Worten, wer der irrigen Meinung anhängt, sich nicht „in der Welt" durchbeißen zu können, der sollte sich nicht der Illusion hingeben, dass man sich mithilfe eines zölibatären Lebens um die Lösung der Probleme herummogeln könne.
Vor allem müssen die Schwierigkeiten erst einmal auf den Tisch. Sie sollten nicht immer neu ins Unbewusste verdrängt werden. Unter sachverständiger Anleitung durch Seelsorger und psychologische Berater lässt sich ein Großteil der Ängste in den Griff nehmen, lassen sich angemessen realistische Schlüsse aus ihnen ziehen. Sie dürfen jedenfalls bei der Entscheidung zum ehelosen Leben nicht vorrangig bestimmend sein, womöglich ohne dem Handelnden bewusst zu werden. Hier ist eine sehr sorgfältige, sich den möglicherweise verdeckten Ängsten stellende Prüfung unumgänglich. Zwar beruft Gott manchmal auch einen vorher Gestrauchelten oder einen Kranken. Trotzdem ist hier Nachdenklichkeit nötig, um nicht eine „Lebenslüge" zur Basis eines radikalen Dienstes zu machen. Auch solche Lügen haben kurze Beine. Sie tragen nicht weit. Die Selbsttäuschung enthüllt sich bald als Enttäuschung, zusammen mit einer zersetzenden Reue über eine falsche, illusionäre Entscheidung.

Auf jeden Fall sollte der Versuch gemacht werden, in säuberlicher Trennung der Bereiche die Verletzungen der Kindheit, Auseinandersetzungen mit Angehörigen, persönliche Probleme und kindliche Defizite ins Bewusstsein zu bekommen und sie etwa mithilfe einer Therapie abzuklären und zu beseitigen suchen, statt sie unsortiert als lastendes Gepäck mit in das zölibatäre Leben hineinzunehmen.
Hier hat die katholische Kirche vielleicht noch einigen Nachholbedarf beim Aussortieren der Priesteramtskandidaten, wie 2010 einige Fälle von sexuellem Kindsmissbrauch erkennbar gemacht haben. Allerdings sollten die Medien es besser vermeiden, sich in dieser Hinsicht auf ein hohes Ross zu setzen; denn eine Welt, die vor der Sexualisierung der Kinder nicht Halt gemacht hat, kann nicht erwarten, dass es keine als Kinder missbrauchte junge Männer geben wird, die meinen im Priesterberuf einen Hafen der Sanierung von ihren Verwundungen finden zu können, ohne zu ahnen, dass es auch dort, ja gerade dort Versuchungen gibt, z. B. den verheimlichten quälenden Erinnerungen durch die Flucht nach vorn – hinein in die Täterschaft – begegnen zu können. Information um das Wesen der Sucht, wie im Kapitel über die Schöpfungsordnung dargelegt, könnte hier rechtzeitig echt präventive Wirkungen entfalten.

3. Bewusste Vorausschau auf den Zölibat

Unsere Zeit tut sich schwer mit der Vorstellung eines geglückten, menschlich tief erfüllten Zölibats. Dass man ohne eheliche Bindung lebt, scheint vielen Menschen heute durchaus möglich. Man ist dann eben „autonom“, unabhängig, frei, ein „Single“, aber gleichzeitig – so wird hinzugefügt – beileibe kein „Kind von Traurigkeit“. Dieser Satz beinhaltet dabei sehr Gezieltes. Man will damit zum Ausdruck bringen, dass man eben insofern modern und up to date ist, als man ein eher unverbindliches Geschlechtsleben führt, nach welcher Façon auch immer.

Soll Zölibat etwa heißen, ohne sexuelle Betätigung zu leben? Überhaupt, wie wird heute über diese Lebensform geredet? In einer herausfordernden Diskussion stellten Jugendliche kürzlich Folgendes in Frage:

- „Wie das, haben die Priester keine sexuellen Probleme?"
- „Ohne Frau leben, das geht doch gar nicht, dann kriegt man einen Samenkoller", wusste neumodisch aufgeklärt ein Sechzehnjähriger.
- „Das ist ungesund, dann kriegt man Krebs, habe ich gelesen", behauptete ein anderer.
- „Dass es mit dem Zölibat im Grunde nicht geht, das lässt sich auch daran erkennen, dass die meisten unserer katholischen Pfarrer gar nicht keusch leben. Die haben heimlich sowieso alle ihre Mädchen", behauptete ein Vierter.
- „Man sollte den Zölibat abschaffen", schlug ein anderer vor, „das führt doch nur zu Krampf und Heuchelei. Und ist das nicht einfach nur eine Masche der Kirche, ihre Leute auf diese Weise stramm an der Kandare zu halten, weil sie ohnehin fortgesetzt all ihre Schuld, ihre große Schuld beichten müssen?"

Zunächst soll die Frage beantwortet werden, ob ein Leben ohne jegliche sexuelle Betätigung im geschlechtsreifen Alter bei seelischer und körperlicher Gesundheit überhaupt möglich ist:
Ganz außer Frage steht es, dass man das am Leben von überzeugenden Priestern und Ordensleute klar ablesen kann. Aus meiner langen beruflichen Erfahrung weiß ich, dass es geglücktes menschliches Leben ohne geschlechtliche Betätigung gibt. In der Verantwortung für andere Menschen, insbesondere

im verantwortungsvollen Einsatz der Seelsorge, in der Liebe zu Gott kann offensichtlich sowohl der egozentrische Selbstbehauptungstrieb wie der Geschlechtstrieb ein- und umgeschmolzen werden. Dabei handelt es sich gewiss nicht um das Ergebnis einer dem Leben trotzenden Disziplinierung, nicht um den Sieg des Willens nach einem verkrampften Kampf mit den Naturkräften des Innern, sondern um ein solches Umfasstsein von der Liebe Gottes und der Liebe zu IHM und den anvertrauten Menschen, dass alle Sinne darin gebündelt und auf den göttlichen Zielpunkt ausgerichtet werden. Das Naturhafte wird nicht verdrängt, nicht bekämpft, nicht verleugnet, sondern es wird zur allumfassenden Liebe transzendiert.

Aufgrund uralter, sich immer neu bestätigender Erfahrung muss hier aber auch eine sehr physiologische Gegebenheit angesprochen werden, die heute, im Zeitalter des Sexzwangs, kaum zur aufklärerischen Information gehört: Das Bedürfnis nach sexueller Betätigung pflegt durch häufige Aktivierung langfristig erheblich gesteigert zu werden. Umgekehrt aber kann der Drang durch Ablenkung kompensiert und sublimiert werden. Auch wird selten einmal noch davon geredet, dass es natürlicherweise den entlastenden Samenerguss im Schlaf gibt. Der »Samenkoller« ist ein Ammenmärchen der Sexapostel. Der Mensch braucht seiner Sexualität ebenso wenig zu verfallen wie der Sauf- und Fress-Sucht, aber er muss unbedingt etwas Besseres, etwas tiefer Befriedigenderes, etwas wirklich seelisch mehr Erfüllendes an die Stelle zu setzen haben. Im Kampf gegen die ungeordnete Natur in ihm selbst bleibt der Mensch der hoffnungslos Unterlegene, solange er sie mit seinem Willen frontal zu besiegen, sie mit Gewalt zu zwingen sucht. Es ist lediglich möglich, die gewaltigen Naturkräfte, die uns allen innewohnen, in den Liebesstrom einzubringen, der die Natur mit umschließt und sie so eher zu übersteigen vermag.

Peter Schellenbaum schreibt: „Menschen, die ihren Eros nicht in einer sexuellen Bindung ausdrücken, sondern in einer 'platonischen' Liebesbindung oder in der Hingabe an eine soziale, kulturelle oder religiöse Aufgabe, sind deshalb keineswegs asexuell. Sie haben manchmal im Gegenteil eine starke sexuelle Ausstrahlung. Ihr Körper mobilisiert in den intensiven Phasen der ihnen eigenen Hingabe die gleichen Hormone wie der Körper eines Menschen, der sich auf eine sexuelle Begegnung vorbereitet. Jeder Mensch kann die Erfahrung machen, dass die verschiedensten Formen der Hingabe, etwa in der tätigen Hilfe, im künstlerischen Ausdruck, im engagierten Gespräch und in der Sexualität, in ihm ähnlich belebende Gefühle des strömenden Einsseins hervorrufen, falls es wirklich Hingabe ist, die ihn bewegt, und nicht nur Selbstbestätigung. Nichtsexuelle Ausdrucksformen des Eros sind keine Umwege des Sexualtriebes, sondern authentische Variationen der einen Hingabe. Schließt jemand die sexuelle Bindung ganz aus seinem Leben aus, muss er allerdings eine sehr starke andere Form der Hingabe wählen, die in ihrer Intensität der sexuellen Hingabe mindestens gleich ist. Sonst verknöchert er in seinem Ich."[23]

Hier wird die sublimierte Leidenschaft gezeichnet, für Gott und seinen Dienst zu leben, was natürlich wesentlich leichter gesagt ist als getan. Selbst wenn wir ein großes Erweckungser1ebnis gehabt haben, sind wir nicht für unser ganzes Leben mit der unzerreißbaren, unanfechtbaren Schutzhülle der Wiedergeborenheit umgeben. Dennoch ist es von größter Wichtigkeit, das hochzeitliche Element im Dienst an der Kirche auf dem Weg zum „Hochzeitsmahl des ewigen Lebens" als sicheres Ziel fest im Auge zu haben, statt resigniert sich von vornherein mit modischen Halbwahrheiten abspeisen zu lassen. Aber dieser Weg

23 Schellenbaum

geht von unten nach oben, über die Integration des Leiblichen. Johannes Bours sagt dazu treffend:
„Manche meinen, auf der Himmelsbrücke zu gehen. Sie sagen, dass sie ohne den Glauben und den Ausblick auf das ‚Oben' nicht leben könnten – und sie sagen es mit Recht. Aber sie gehen vielleicht doch nur mit ihrer Vorstellung, mit ihrem Wunsch, mit ihrem Geist über die Himmelsbrücke wie über eine Traumbrücke. Sie gehen nicht mit ihrer nahen Lebenswirklichkeit über die Himmelsbrücke. Sie beginnen den Aufstieg nicht von ihrer 'Erde' her, von ihrem ‚Unten' her. Sie machen eine Art Überstieg, den sie nicht mit ihrer Lebenswahrheit einholen. Die Himmelsbrücke aber muss bei mir auf der Erde beginnen – an dem Stein, auf dem Jakob mit seinem Kopf ruhte, als er im Schlaf die Himmelsleiter sah."[24]

Gerade auf diesem Weg der Nachfolge Christi gibt es viele Dornen, auch viele Fallen. Man wird nicht ohne Verletzungen davonkommen. Doch sollte man die Grenzen seiner Möglichkeiten sehr genau kennen, Versuchungen furchtlos inspizieren und sich in Strategien zurüsten, um Abwege zu überwinden – oder noch besser – umgehen zu können.
Eine weitere große Schwierigkeit, die es zu bewältigen gibt, ist das Alleinsein. Wenn der Zölibatär schließlich so heilig ist wie Teresa von Avila in der sechsten Frömmigkeitsstufe, dann ist das unter Umständen kein so großes Problem mehr. Selbst wenn es am Anfang einen alles umwerfenden und erhellenden Blitzstrahl, das Licht seligen Erfasstseins gegeben hat – es ist unvermeidlich, dass Wüste, Dürre, Nebel, Nacht, Ebbe folgen werden, oder wie auch immer wir das Gefühl der Gottesferne, der Verlassenheit, der Einsamkeit bezeichnen wollen.

---

24 Bours, 1981

Zudem geht es in diesem Leben nicht nur um Glaubensfragen. Es treffen uns auch Probleme im Umgang miteinander. Die ganze Skala menschlicher Höhen und Tiefen treffen den Zölibatär genau so wie die Menschen in den übrigen Ständen. Wie entlastend ist dann der sich Mitfreuende, der Mittrauernde, Mitdenkende, der tröstende, mitlachende Gefährte! Es ist sehr wichtig, dass zölibatär Lebende sich gegenseitig mit dieser Gefährtenschaft beschenken, dass sie sich nicht die Freundschaft unter Gleichgesinnten verbieten. Sie sollten sich nicht damit kasteien, sich Mitmenschen vorzuenthalten, sodass die Einsamkeit wie eine schwarze Wolkenwand hochzieht, bis dann der Einzelne zum Weglaufen vor dem Alleinsein geradezu gedrängt wird! Nächstenliebe beginnt beim freundschaftlichen Umgang mit dem priesterlichen Mitbruder, bedeutet auch in dieser Lebensform, dass „einer des anderen Last" trägt und man füreinander in liebender Seelsorge bereitsteht.
Notwendig ist es dennoch, über längere Zeit zu erproben, ob man wirklich allein sein kann, ohne gegen die Wand zu laufen. Das Leben im Priesterseminar kann dazu aber nicht als ausreichende Probe dienen. Hier sind immer gleichgesinnte Menschen in der Nähe. In mancher Pfarrstelle ist die Einsamkeit wesentlich größer. Wer als introvertiert Veranlagter immer wieder gerne allein ist, hat die größere Chance als der ausgesprochen Extravertierte, den ein zölibatäres Leben zu überfordern droht.

Und noch eine Falle ist aufgestellt: Sie besteht darin, dass man sich – womöglich in einer Zeit relativer Gottesferne – irgendwann einmal in einen Menschen verlieben wird; das heißt, dass die Gedanken plötzlich nicht mehr um Gott kreisen, dass sich das Gebet nicht auf IHN konzentriert, dass die geistlichen Lebensvollzüge nicht mehr mit Eifer praktiziert werden, sondern vor allem die Nähe der geliebten real greifbaren Person gesucht wird. Hat der zölibatär Lebende diese Möglichkeit vorher rechtzeitig ins Auge gefasst, wird er nicht in Panik geraten, wenn ihm dergleichen geschieht. Er wird nicht meinen, dass es sich hier gleich um ein entschiedenes Versagen, um einen vollendeten Bruch seines Zölibatsversprechens handeln muss – oder gar um ein Verworfensein -, dem allein mit Resignation geantwortet werden müsste. Der beste Weg, sich der unfrei machenden Faszination durch einen Menschen zu entwinden, besteht darin, die Liebe zum Mitmenschen in die größere Liebe zu Gott einzubeziehen und dorthin hinaufzuheben. Das Gefühl der Freude am anderen Menschen sollte zugelassen, aber immer als ein Teil der Freude an Gott verstanden werden. Eros ist nicht gottfeindlich; auch der Priester, der sich im Zölibatsversprechen an Christus gebunden hat, darf und soll die Frau als Mitgefährtin auf dem Weg zu Gott annehmen. Man sollte es aber vermeiden, dem anderen Menschen seine Verliebtheit einzugestehen, ihn damit zu belasten oder herauszufordern. In einem solchen Gefühlszustand müssen zweisame Situationen vermieden werden, durch die sich die Gefahr erhöht, von der Versuchung überrannt zu werden; denn eine geschlechtliche Beziehung pflegt ein Tor von der Größe eines Walfischmauls aufzutun. Sie fesselt nicht nur die Seele der Person, sie stellt die Weiche hin zur Erde, weckt das drängende Bedürfnis nach Wiederholung, kann nur allzu leicht in die Not des gebrochenen Versprechens und hinein in all die verwirrenden Fragen einer Lebensform zwischen Schein und Sein führen.

Es gibt in der Tat nicht-geglückte Formen des zölibatären Lebens. In meiner psychotherapeutischen Praxis bin ich solchen Priestern begegnet. Doch möchte ich aufgrund ihrer gequälten Berichte und jener ihrer weltlichen Geliebten raten, sich als Priester nicht um jenes Glück seiner Lebenserfüllung zu bringen, das höher zu sein vermag als die Vereinigung menschlicher Paare. Psychologisch gesprochen ist es leichter, absolut keusch zu leben als gelegentlich einmal unkeusch. Es geht uns Menschen mit dem Geschlechtstrieb dabei nicht viel anders als dem Trinker mit dem Alkohol.

Keusch leben bedeutet – wie schon gesagt – auf gar keinen Fall, sich sein ganzes farbiges, irdisches Fühlen zu verbieten. Wahrhaft zu lieben, das ist nicht nur erlaubt, sondern der Kernsinn der Schöpfung. Der Ausspruch des heiligen Augustinus: „Der Geist muss eine Ehe eingehen mit der Seele"(Intellectus quodammodo maritus animae), ist eine noch heute bedeutsame Empfehlung auch und besonders für zölibatär Lebende. Verkopfte, erosverdrängende Einseitigkeit macht starr und leer. Die Lebendigkeit des Fühlens zu erhalten, zum Beispiel durch Musik, durch einen lebendigen Bezug zu Menschen, besonders auch zu Frauen, ist unverzichtbar. Die Gestalt, die Schönheit der Seele einer Frau zum Beispiel darf auch von einem Priester ebenso geliebt werden wie eine herrliche Landschaft, wie eine Blume, wie ein Baum. Gottes Schöpfung will verehrt sein. Schließlich gehört auch das Annehmen des eigenen Leibes als ein Tempel Gottes samt der schöpferischen Kraft von Eros und Sexualität dazu. Benehmen wir uns ihr gegenüber doch nicht wie das Kaninchen angesichts der Schlange, sondern verstehen wir sie als eine gottgewollte Urkraft in uns! Dann wird es möglich, sie in jede christliche Lebensform zu integrieren und mit ihr pfleglich, Gottes Willen gemäß, umzugehen.
Es braucht einen attraktiven Zölibatär nicht zu verwirren, wenn er von Frauen umschwärmt wird. Die Faszination der Frauen ist nicht einfach vom Teufel, sondern oft ist der Priester mehr oder weniger bewusst für sie (berechtigterweise) eine Art Götterbote. Es ist von größter Wichtigkeit, dass der Zölibatär

den Charakter solchen Liebens besser versteht als die verliebten Frauen selbst und sich durch ihr drängendes Angebot zu leiblicher Liebe nicht einfangen lässt.

In meinem langen Therapeutenleben sind viele Priesterschicksale an mir vorbeigezogen: Jener Priester mit der heimlichen „Ehe", dessen Predigten immer flacher wurden, Stimme und Gebärden immer scheinheiliger. Nicht weil sein Gott ihn verlassen hat, entstanden solche Reaktionsformen, sondern weil er selbst nicht mehr daran glaubte, Gott, der ihn zur Umkehr gemahnt hatte, nahe sein zu dürfen.
Ich habe den laisierten Zölibatär erlebt, der mit einer geliebten Frau viele Kinder hatte und doch von einer Unruhe umgetrieben wurde, weil nicht Gott, sondern er selbst sich den Bruch des Versprechens nicht verziehen hat.
Ich habe die Tränen von nichtangetrauten Pfarrersfrauen getrocknet, die ihren Wunsch nach Kindern, nach einer Familie ihrem Zölibatär in zwanzigjährigem heimlichem Zusammenleben geopfert hatten, und denen die Kraft zur Verstellung abhanden gekommen war.
Und ich habe die Qual mancher Zölibatäre anvertraut bekommen, die der Richtung der irdisch gestellten Weiche in endlosen Kämpfen zu entfliehen suchten, die jedoch an ihrem unverbesserlichen Versagen ihre Selbstachtung verloren hatten, aber auch die Not jener Priester, deren Lebensferne und panisch gefürchtete und verdrängte Sexualität den lebendigen Gefühlsstrom zum Versiegen gebracht hatten.
In mancher begleitenden Seelsorge habe ich aber auch erfahren dürfen, dass Gott geduldig, barmherzig und großmütig ist. Der Spielraum der Freiheit für seine Menschen ist weit. Umkehr ist immer neu möglich, und die Eucharistie bleibt der wunderbare Garant eines durch Christi Blut vergebenden Gottes. Freilich

muss er seine Söhne und Töchter sich selbst überlassen, wenn sie die Entscheidung treffen, nicht IHM zu dienen, sondern der Natur allein, oder ihr Ich zu ihrem Gott machen.
Psychologisch gesehen wird es besonders gefährlich, sobald sich der Angefochtene aus Verzweiflung über sich selbst von der Angel Gottes losreißt. Wenn er jedoch standhält, gerade im Zustand des Versagens, dann gehört alles mit hinein in das Gotteserbarmen. Das Leben in zölibatärer Berufung ist kein Tanz auf einer himmlischen Blumenwiese, aber es ist auch kein Nagelbrett. Wichtig ist, dass der Blick fest auf das Ziel ausgerichtet bleibt, dass die Bereitschaft vorhanden ist, aus Fehlern zu lernen und sie zu bereuen, statt unchristlich an ihnen zu verzweifeln. Der Weg des zölibatär Lebenden enthält sicher viele Nachtmeerfahrten, aber er sollte sich auch nicht leichtfertig in sie hineinstürzen. Er könnte sonst die bittere Erfahrung machen, dass er in falschem Heldentum seine Kräfte aus modischer Leichtfertigkeit gegenüber der drängenden Naturgewalt überschätzt hat.

Auf meinem Weg bin ich vielen Menschen, Männern und Frauen, begegnet, die diese Lebensform der Ehelosigkeit „um des Reiches Gottes willen" gewählt haben und deren Menschsein und Christsein vorbildlich waren. Zölibat bedeutet in der Sicht des Glaubens, auf den Ruf Gottes hin sich in das Feld zu begeben, in dem Gott mit wunderbaren Überraschungen beschenkt. Es ist eine Form der Erwählung durch Gottes Liebe. Die Faszination seiner Liebe ist so viel mehr als alles Menschenmaß. Dem Menschen guten Willens ist es nicht wirklich dauerhaft möglich, sich diesem Anreiz zu entziehen. Der Magnetberg Gottes behält – stärker als alle irdischen Zauberberge – die machtvollste Anziehungskraft.

Unverzichtbare Autorität

`Der von seiner Biologie immer wieder ins Triviale abgleitende und an oft verschleierte Versuchungen ausgelieferte Mensch bedarf gebündelter Wegweisung. Deshalb ist Papsttum unaufgebbar und eine erleichternde Möglichkeit zur Orientierung.`

In den vorausgegangenen Kapiteln ist mehrfach dargestellt worden, welche negativen Folgen das Programm der Autoritätsabschaffung durch die Neue Linke ab 1968 zustande gebracht hat. In jüngster Zeit ist deutlich geworden, dass mit tückischen Schlägen gegen die katholische Kirche nun auch versucht wird, die letzte hohe Autorität zur Strecke zu bringen: das Papsttum. Kein Zweifel, die prekäre Lage der katholischen Kirche hat sich hierzulande in jüngster Zeit von Neuem, besonders nach einem romkritischen Pamphlet von 143 katholischen Professoren und den Missbrauchsfällen von Priestern zugespitzt. In einer Vielzahl von Medien wird die Kirche lächerlich gemacht, das Lehramt in Frage gestellt, der Papst verteufelt, werden Würdenträger an den Pranger gestellt. Die üblichen Wortführer einer innerkirchlichen Opposition werden zu Podiumslieblingen und verbreiten durch das ihnen umfänglich zur Verfügung gestellte Medienforum Widerstand gegen die Kirche, gegen ihre Strukturen und gegen ihre Lehre.

Das bedeutet, dass in Millionen Hirnen die Vorstellung genährt wird, dass es vor allem der Katholizismus sei, der den freien Bürger unserer freien Demokratie immer noch an seiner Befreiung zur selbstbestimmten Autonomie zu hindern suche, dass vor allem Rom und ihr hoher Bischof eine abschaffenswerte Bastion von Macht sei, die rigoros durch eine starre, reaktionäre Bevormundung den modernen Menschen hindere, sich auf den Pfad zu individueller Glückssuche zu begeben – so also geht die Mär.

Auf diese Weise erfährt derjenige Teil der Katholiken, der nicht mehr praktiziert, zwar eine fulminante Beschwichtigung des meist doch noch unterschwellig vorhandenen schlechten Gewissens. Aber gleichzeitig werden auf diese Weise Kirchenaustritte forciert. Bischof Zollitsch gab vor Kurzem bekannt, dass im Jahr 2010 121.155 Mitglieder aus der katholischen Kirche ausgetreten sind, eine fast doppelt so hohe Zahl wie beispielsweise 1970.

Doch dieser Situation gegenüber verhält sich die katholische Basis eher nach dem Motto: „Ruhe ist die erste Bürgerpflicht“. In den selteneren Fällen holen die Pfarrer ihre Gemeindeglieder zu inländischer Missionsarbeit zusammen und informieren sie über die Art der Angriffe, um sich mit den Inhalten auseinander zu setzen und den kirchentreuen Christen Argumente gegen die Angriffe zu liefern, sie im Glauben und zur Papsttreue zu stärken sowie sie gegen die Manipulation zu immunisieren. Eine gezielte geistliche Aktivierung findet jedenfalls nicht statt.
Aber es wäre in unserer Situation nötig zu begreifen, was für einen hohen stabilisierenden Stellenwert das Papsttum hat, ja, wie sehr wir ins Visier nehmen sollten, dass das Pontifikat unserer beiden letzten Päpste eine besondere Gnadengabe des Heiligen Geistes ist, durch die Rettung in später Stunde möglich werden könnte.
Es soll deshalb im Folgenden der Versuch gemacht werden, eine Bilanz der Entstehungsgeschichte des feindseligen Geistes gegen die katholische Kirche in unserem Land in den vergan-

genen 40 Jahren zu erstellen, um dann aus psychologischer Sicht auf die Schwerpunkte in den Inhalten der Angriffe so einzugehen, dass die katholische Verteidigungsfähigkeit unterstützt wird.

Ein wesentlicher Auslöser für die Stoßrichtung der Kirchenfeindschaft ist eben die gezielte marxistische Unterwanderung in der Bundesrepublik Deutschland ab 1968 gewesen. Stasigesteuert, vielfältig von der DDR konspirativ, gelegentlich sogar finanziell unterstützt, wurde von diesem Zeitpunkt an sukzessiv versucht, auch die Kirche in den Plan einzubeziehen, mithilfe des „Marsches durch die Institutionen" das Bewusstsein der hiesigen Gesellschaft so zu verändern, dass in einer neomarxistisch-atheistischen Lebensform Glaube und damit Kirche überflüssig würden. Der Mitarbeiter der Gauck-Behörde, Hubertus Knabe, neuerdings der ehemalige Kommunarde Peter Horvath, seit einigen Jahren auch schon der Ehemann der Terroristin Ulrike Meinhof, Klaus Rainer Röhl, geben an, dass über Jahrzehnte hinweg in die maßgeblichen Medien West Hunderte von „Inoffiziellen Mitarbeitern" oder „Informelle Mitarbeiter", kurz IM genannt (dies waren Personen, die geheime Informationen an das Ministerium für Staatssicherheit – Stasi – lieferten), als Journalisten in die Redaktionen eingeschleust worden waren. Im Rheinischen Merkur, der maßgeblichen, von den katholischen Diözesen getragenen Wochenzeitung, hatte der IM, Lutz Kuche, mithilfe einer durchsichtigen Biographie Eingang gefunden. Er hatte das Medienressort unter sich und konnte erst im Jahr 1995 enttarnt werden! Die Phantasie reicht nicht aus, um sich vorzustellen, wie er klammheimlich – von der Redaktion unerkannt – allein durch seine Teilnahme an den Redaktionskonferenzen konspirativ für die Stasi gearbeitet hat!

Die Abschaffung aller Machtstrukturen, einschließlich jener von Staat und Kirche, gehörte eben zu den Grundpfeilern des Zerstörungsplans.

Da der Vatikan nachdrücklich die Unvereinbarkeit des Christentums mit dem Marxismus artikuliert hatte, fiel mithilfe unterwanderter Ausbildungsinstitutionen bereits hier die hierarchische Struktur der katholischen Kirche einer besonders grimmigen Verdächtigung allgegenwärtiger Seelenbemächtigung anheim. Die Stellung von Papst Paul VI – sein Pontifikat dauerte von 1963-1978 – wurde durch die massive Beeinflussung besonders der Frankfurter Schule extrem geschwächt. Seine Enzyklika „Humanae Vitae", die 1968 die Pille für das Kirchenvolk verbot, machte ihn zu einer in der allgemeinen Öffentlichkeit lächerlich gemachten Figur. Infolgedessen wurde in manchen Priesterseminaren der priesterliche Gehorsam gegen die Oberen nicht mehr als ein gemeinsamer Gehorsam für Gott verstanden, sondern der Vatikan und seine Institutionen grundsätzlich häufig als ein veraltetes, repressives Instrument zur Versklavung von Untertanen interpretiert. Oft wurde deshalb in dieser Zeit nicht mehr der Gehorsam als eine hohe religiöse Tugend verstanden, sondern die Erziehung zum Ungehorsam gegen die Oberen gelehrt und geprobt. Die wenigsten Akteure merkten, dass sie einem gezielten Feldzug zur Zersetzung ihrer Kirche und ihrer die Gesellschaft stabilisierenden Funktionen Vorschub leisteten.

Diese Stoßrichtung machte auch die evangelisch-lutherischen Kirche anfällig für die „progressiven" Trends. Schließlich unterlag sie ebenfalls der Unterwanderung durch zersetzende Bemühungen. Gerade aber dadurch, dass dort an der Abschaffung von Hierarchie gar nicht erst angesetzt zu werden brauchte

– das hatte Luther bereits vor 500 Jahren bewirkt – konnte der Hebel ungeschützt ins Proprium des Glaubens vorstoßen: auf den transzendenten Kern der Erlösungsreligion. Durch die sogenannte historisch-kritische Methode – avantgardistisch von Professoren für evangelische Theologie wie Bultmann und Käsemann initiiert –wurde das Evangelium seines mystischen Charakters beraubt und auf den „Sozialreformer" Jesus von Nazareth reduziert. Dadurch gelang hier eine fundamentale Zersetzung der Glaubenssubstanz und eine unverblümt linke Politisierung der evangelisch-lutherischen Kirche, die zu ihrer „ Schwindsucht" (Jens Motschmann) führte.

Bald wurde der Aufstand gegen die „römische Unterdrückung" als Glaubensziel dann auch in jungen katholischen Hirnen heimisch. Viele von ihnen wurden ebenfalls anfällig für die Fehlinterpretation von Jesu Wirken. Nun schien es auf einmal erstrebenswert, durch eine neue Ökumene-Bewegung der evangelisch-lutherischen Kirche nachzueifern, in der die ersehnte „Befreiung zur Demokratisierung der Kirche" doch bereits verwirklicht worden war. Nicht die wünschenswerte Vereinigung im Sich-Annähern an die gemeinsame Offenbarungswahrheit bildete deshalb die Grundlage der sich daraus ergebenden ökumenischen Bestrebungen der 1970-er Jahre, sondern die indoktrinierte Vorstellung linkskatholischer Intellektueller, bald (ebenso wie einst die evangelischen Brüder und mit ihnen geschwisterlich vereint) die römische Fessel abwerfen zu können. Es fällt dabei den Ideologisierten kaum auf, dass dieser fünfhundertjährige Versuch in der lutherischen Kirche gerade heute den Beweis erbringt, dass das zu jeder Menge Abspaltungen und Zersplitterungen, sowie schließlich zum Glaubensschwund irreversibler Art führte. Hingegen taugen diese sich heute hart abzeichnenden Gegebenheiten gerade zur

Unterscheidung der Geister, weil diese Trends sich bereits als ungute Früchte erwiesen haben.

Einen weiteren dritten Strang dieser Stoßrichtung bildete der atheistische Liberalismus unter den Wortführern der Frankfurter Schule, besonders durch Herbert Marcuse. Seiner Lehre von der Dominanz des Rechts auf Selbstbestimmung, eines verabsolutierten „Erlaubt ist, was gefällt" vor allem, stand die eingrenzende Sittenlehre der katholischen Kirche in scharfem Kontrast entgegen. Die daraus resultierenden Agitationen, denen von der Koalitionsregierung SPD-FDP von 1969 bis 1982 mit Vorrang Tür und Tor uneingeschränkt geöffnet worden waren, riefen eine Durchdringung mit liberalistisch-neomarxistischem Geist außer in den Medien, den Universitäten, Schulen und Bildungseinrichtungen, – wie gesagt- auch in manchen Priesterseminaren hervor. Das führte ebenso folgerichtig wie unausweichlich zu einem Verlust der Katholizität in der Jugend und damit zu einer Dezimierung des Priesternachwuchses und setzte im Zuge eines im Schulterschluss mit dem agierenden militanten Feminismus schließlich sogar zu einer Unterwanderung der katholischen Frauenverbände an. Der marxistische Schwerpunkt, Ungerechtigkeit durch Gleichmachung aus der Welt zu schaffen, wurde als Hebel angesetzt, um auch die bisher so anpassungsbereiten katholischen Frauen zur Aufmüpfigkeit gegen das „römische Patriarchat" aufzuhetzen – auch dies, wie heute entlarvt ist – , sogar ganz direkt durch bezahlte Stasibeeinflussung der dort Wirkenden (s. idea vom 10.12. 1991, S.1ff.).

Diese tief bedenklichen Entwicklungen wurden durch den Zusammenbruch des Ostblocks zwar jäh unterbrochen, führten aber nicht zu einer Abklärung und Wende, im Gegenteil.

Besonders unter den Kirchenkritikern agieren in den Medien weiterhin häufig unverbesserliche Sympathisanten mit der hehren Idee des Sozialismus bis in manche regionalen Kirchenzeitungen hinein. Ihre Götter Marx und Lenin hatten zwar unter dem kraftvollen Pontifikat von Papst Johannes Paul II. (von 1978-2005) mächtig an Glanz eingebüßt, aber Angriffe auf ihren Hauptfeind, die bürgerliche Gesellschaft, greifen heute bereits wieder, wie der ruckartige Erfolg der kommunistischen Linkspartei beweist. Der jetzt entfachte Kampf gegen Rom und damit gegen das Papsttum schlechthin, entwickelt neue Blasebalgwirkung.

An dieser Weiche stehen wir im kirchlichen Feld, und ich möchte jetzt schlaglichtartig sichtbar machen, mit welchen Anfeindungen zentrale Glaubensinhalte unterminiert werden sollen. Dabei soll der Reihe nach Folgendes ins Blickfeld gerückt werden:

1. der Trend zur Demokratisierung der katholischen Kirche,
2. die Zölibatskritik,
3. die Forderung nach Frauenpriestertum,
4. die Verleugnung der Wunder und
5. die Verunglimpfung der Sittenlehre.

1. Der Trend zur Demokratisierung

Der neu erstarkte Ruf nach „Demokratisierung der Kirche", das heißt nach Abschaffung ihrer Hierarchie, ist weithin hörbar. Doch die Hierarchie der Kirche abzuschaffen, heißt letztlich, Gott zu entthronen, heißt (und in der historisch-kritischen Methode geschieht das auch) den Absolutheitsanspruch der Dreifaltigkeit anzuzweifeln.

Wenn Gott nicht mehr als der Allmächtige, als der das Weltregiment in Händen Haltende, gesehen wird, verfällt der Mensch erfahrungsgemäß binnen Kurzem seinem ursündhaften Größenwahn à la Adam und Eva. Wir alle sind Zeitzeugen, wie durch den dialektischen Materialismus der Ostblock zerbrach, wie durch den kapitalistischen egomanen Materialismus die Wirtschaftssysteme des Westens ins Wanken gerieten. Um solchen atheistischen Katastrophen vorzubeugen, spricht das Evangelium (im Gegensatz zur Entthronung Gottes durch die Atheisten) von einer Einsetzung Bevollmächtigter (Matth. 16-18) und betont die unterschiedliche Beauftragung und Berufung individueller Dienste des Menschen durch Gott (Matth. 20, 20).

In einem System, in dem sich alle als selbstlos Dienende im Auftrag Gottes an der Aufgabe, die Schöpfung zu bewahren und die Liebe in der Welt zu mehren, verstehen, ist eine hierarchische Stufung gewiss die effektivste, weil die Berufungen nach den spezifischen Begabungen erfolgen, die außerdem im Dienst aller stehen und dadurch ihre Legitimation und ihre Immunität gegen egozentrische Selbstbehauptungsimpulse und dem aus ihrer Uranfechtung entspringenden Neid erhalten.
In einer vollkommen verwirklichten Kirche brauchte es keinen Neid zu geben, weil der gemeinsame, gleichwertige Dienst für Gott darüber erhebt. Wer wirklich in echt christlicher Gemeinschaft zu Gott hin unterwegs ist, dem ist es gleichgültig, ob er der Erste oder der Letzte in der Reihe ist. Der einfache Beter, der Alte, der Schwächliche kann – wenn er für Gott gläubig brennt – hier ebenso wertvoll sein wie ein höchster Würdenträger. Dann ist es auch möglich, in dankbarem Nachfolge-Eifer anzunehmen, dass ein berufener Pfarrer, ein heiligmäßiger Bischof und ein begnadeter Papst, wie unser jetziger,

ihm vorangehen und ihn mit Orientierung beschenken, denn er weiß durch Christus, dass unser Gott den Einzelnen allein nach seiner Glaubensstärke und dem Einsatz seiner persönlichen Pfunde wertet. Er kann sich also als Schaf in der Herde, als ein getreulich Glaubender seines Wertes vor Gott ohne neidische Eskapaden in tiefstem Seelenfrieden gewiss sein.

Der Gerechtigkeitsbegriff des Christentums ist deshalb grundsätzlich auf den Bezug des Einzelnen zu Gott gerichtet und nicht, wie bei den Atheisten, auf Ausscheidungs- und Umverteilungskämpfe untereinander, um damit – neidgesteuert – verarmt und leistungsgeschwächt hierarchielose Gleichheit aller zu erreichen, was bisher noch immer in jeder kommunistischen Gesellschaft zu ihrer Zerrüttung und zu ihrem Untergang geführt hat. Die Hierarchie der Kirche hingegen hat eine geistliche Struktur als Hintergrund, mit dem Ziel der Hinaufentwicklung des ganzen Kirchenvolkes auf seinem Weg zu Gott, von gestuften Vorbildern, im wahrsten Sinne von Vorangehenden angespornt und geleitet.
Mir ist natürlich bewusst, dass viele Christen diesen Status nicht haben und deshalb die Gemeinden häufig eher Hühnerhöfen gleichen, in denen gehackt und gekrallt wird, in denen der Neid und damit auch das Bedürfnis, die Oberen zu entthronen, immer wieder die Oberhand gewinnt. Dagegen hilft die Erkenntnis über den tief berechtigten Sinn des hierarchischen Gefüges unserer Kirche. Und darauf aufbauend können eine starke bewusste Bemühung um Buße und die Bitte um Christi Gnade sowie gemeinsame Gespräche und immer erneute Anstrengungen um Kultivierung das Miteinander der Gläubigen im Geist der Liebe und des gemeinsamen Zieles bewirken.

Zweifellos gibt es auch Missbrauch – Missbrauch von Macht durch die Oberen, womit sie allerdings ihre Funktion verraten. Das bedarf der Eingrenzung und wo nötig der Eliminierung. Doch die heute geradezu gezüchtete Allergie gegen Machtmissbrauch kann den notwendigen Sinn von Hierarchie nicht entkräften. Entwicklungspsychologisch ist Hierarchie darüber hinaus sogar ein natürliches Prinzip. Der Mensch lernt grundsätzlich am erfolgreichsten durch Nachahmung, und zwar durch möglichst nahe kleinstufige Vorbilder. Es ist eine Entfaltungsnotwendigkeit des Menschen, sich nach Vor-Bildern im wahrsten Sinne des Wortes auszurichten. Die Großfamilie mit mehreren Geschwistern ist deshalb eine der effektivsten Lernmöglichkeiten. Das jeweils jüngere Kind holt sich seinen Impetus, seinen Lernanreiz von dem jeweils älteren Geschwister. So funktioniert kleinstufige Hierarchie als ein geschöpfliches Urprinzip.

Die heilige Hierarchie der Kirche beruht also auf der Wahrheit Gottes, so dürfen wir festhalten. Dem gläubigen Kirchenvolk, unterwegs zu Gott, ist es angemessen, sich nach denen, die ihm unmittelbar und greifbar nahe vorangehen, auszurichten und ihnen in überpersönlichem Dienst deshalb auch vertrauensvoll nachzueifern, d.h. gern zu gehorchen. Das schmälert ihre Freiheit nicht, wenn ihnen der Grundsatz bewusst ist, dass alle sich im Licht eines sie verbindenden Strebens nach liebevollem Verhalten kraft der Liebe von Gott und zu Gott hinauf befinden.

Eigentlich können die neomarxistischen Kategorien hier deshalb gar nicht greifen. Sie sind unzutreffend, wenn Kirche sich so versteht, wie sie von Christus angewiesen und von Paulus und der Urgemeinde vorgelebt wurde. Der Wunsch nach Demokratisierung der Kirche – das meint Abschaffung des Papsttums und letztlich Gottes – entspringt einem leichtsinnigen, unnachdenklichen Hochmut. Das eben bedeutet Erbsünde. Der sich selbst überlassene Mensch wird allzu mühelos von seinen triebhaften Urbedürfnissen in Anspruch genommen. Die Möglichkeit sich zu einem echten Menschen, sich zu einem Kulturwesen auszuformen, bedarf unumgänglich zu seinem Glück jener Leitbilder, wie sie ihm von einer päpstlichen, vom Heiligen Geist geführten Autorität und dessen Lehramt vorgegeben sind. Besonders der heutige Mensch bedarf klarsichtiger Orientierungshilfen, um auf dem „Markt der Möglichkeiten" zu konstruktiven Lebensentscheidungen finden zu können, wie uns unser so verantwortungsbewusster Papst den auf ihn Hörenden in täglichen Verlautbarungen als Hilfe schenkt.

2. Die Zölibatskritik

Zweifel an der Notwendigkeit eines zölibatären Priestertums ist hierzulande allgegenwärtig. Dass dem armen Geistlichen allenfalls Ehebruch mit seinem Gott und das verquere Leben in den Armen einer illegitimen Gefährtin übrig bliebe oder er „samen-kollernd" der Erstarrung überliefert sei, kann lediglich als unverständig-weltliche Perspektive unseres Sexzeitalters verbucht werden, wie das bereits im vorangehenden Kapitels verdeutlicht wurde. Für Menschen in der Christusnachfolge lässt sich nicht daran zweifeln, dass Ehelosigkeit für den Priester angemessen ist. Zu deutlich hat Christus mehrmals dies im Evangelium zum Ausdruck gebracht!

Wie soll sich denn die Radikalität eines so hohen Auftrags ohne Beeinträchtigung des Amtes mit den Pflichten eines modernen Familienvaters vereinbaren lassen? Das ist bereits für

weltliche Väter, die die Familie durch Arbeit unterhalten sollen, schon eine bange Frage, zumal die feministische Forderung sie zwingt, sich mindestens hälftig am Haushalt und an der Erziehung der Kinder in möglichst ständiger Gegenwart zu beteiligen! Für den Priester wäre das unmöglich und auch völlig unangemessen!
Der wahrhaft von Christus Berufene brennt in heiligem Eifer für seinen Auftraggeber, sodass er wie zwingend darin eingebunden ist (s. auch hierzu das Kapitel zuvor). Wenn er in solcher Weise ein echt von Christus Ausersehener ist, ist er dadurch mit jeder Faser seiner Seele und seines Leibes in Anspruch genommen, sodass ihm allein aus diesem Grund – wie ich aus intimen Gesprächen mit vielen Priestern weiß – die scheinbar unzumutbare Tugend der Keuschheit in heiligem Eros für Christus wirklich möglich sein kann. Psychologisch ist hier die Kategorie der Sublimation gegeben, die bereits Freud als den kulturbildenden Faktor schlechthin eingeschätzt hat. Die Tatsache, dass der Priester Anfechtungen ausgesetzt ist und heute im Zeitalter vergötzter Sexualität es besonders schwer hat, nicht in die Irre zu gehen, löscht nicht den durch Christus vorgegebenen Anspruch auf Radikalität der Nachfolge bei seinen Jüngern (nachzulesen bei Matth. 8/22, und bei Lukas 9/60).

3. Die Forderung nach Frauenpriestertum – psychologische Gegenargumente

Aus der Sicht einer unbedingten Nachfolge kann das Priestertum daher keinesfalls einer Frau übertragen werden, sondern nur einem Mann; denn seine Aufgabe ist eine führende und eine geistlich kämpfende in uneingeschränktem Einsatz Führungspositionen zu übernehmen. Aber die Frauen bekommen nun einmal die Kinder und sind dadurch Garanten der Zukunft. Durch das ein- bis zwei Jahrzehnte währende Aufziehen des Nachwuchses sind sie eingebunden in eine so hochrangige Aufgabe. Da sie dadurch die maßgeblichen Zukunftsbeschaffer sind und damit in der göttlichen Bewertung von höchster Bedeutung, wird uns Frauen der so schwere missionarische Dienst der Priesterschaft gar nicht erst zugemutet. Liebevoller Frauendienst für die Nächsten mit und ohne Familie ist also theologisch eher eine Auszeichnung als eine Zurücksetzung.

Das feministische Gerangel um Machtpositionen in der Kirche – wie die eigenmächtigen Bischofsernennungen in Linz – ist deshalb bereits vom Ansatz her widerchristlich. Es geht hier egozentrisch um Konkurrenz, Prestige, um die ersten Plätze im Sinne der Mutter der Zebedäussöhne unter den Jüngern Jesu, die ER mit unnachahmlicher Schärfe zurückweist mit den heute wieder so tief wahren Worten: „Frau, du weißt nicht, wovon du redest!" (Matth. 20-22). In der Tat, die Feministinnen wissen es auch heute nicht! Sie sind mannfeindlich indoktriniert und damit keineswegs fortschrittlich, sondern allzu frauentypisch dem Zeitgeist besonders angepasst.

Da wir Frauen physisch, psychisch und geistig andere Wesen sind als die Männer, haben wir mit anderen, uns speziell aufgetragenen Pfunden zu wuchern. Diese Erkenntnis ergibt sich aus dem Evangelium ebenso, wie aus den wissenschaftlichen Forschungsergebnissen über die Geschlechtsunterschiede, die gerade in den letzten Jahren durch die Hirn- und Hormonforschung sehr verfeinert werden konnten. Pränatal mit einem starken Schub von Testosteron und Östrogen wird bereits vorgeburtlich festgelegt: „Als Mann, als Frau sollst du durch die Welt gehen!" Dass der Gleichheitstrend mit der sogenannten

Gender-Bewegung diese Fakten leugnet und der Menschheit in dieser Hinsicht einen skurrilen Bären aufzubinden sucht, hat mit wissenschaftlicher Wahrheit nichts zu tun. Wir Frauen haben eine andere Wesenheit, andere Präferenzen der Interessen, und sie beruhen auf anderen Dominanzen in den Grundbegabungen, die durch die frühen Hormonschübe vor der Geburt bereits und während der Konstituierung des Gehirns in den ersten drei Lebensjahren festgelegt werden. Bei den Frauen existieren – im statistischen Mittel – andere Entwicklungstempi, sie verfügen über mehr Redefreudigkeit, über mehr Interesse an Konkretem und Persönlichem, über mehr Begabung für Feinmotorik und über viel Wahrnehmungsgeschwindigkeit, um z. B. rasch bei unüberlegt stürmischen Kleinkindaktionen eingreifen zu können.

Was in diesem Zusammenhang darüber hinaus als wissenschaftliche Bestätigung bekräftigt werden kann, ist die Tatsache, dass Frauen in unverdorbenem Status einfühlsam, geduldig und meist friedfertiger sind als die Männer, erfahrungsgemäß auch ruhiger, bescheidener und anpassungsfähiger. Wer also würde beim Beachten dieser Eigenschaften auch nur auf die Idee kommen, die Frauen könnten vom Schicksal benachteiligt sein? Den Frauen, für die in Übereinstimmung mit Christus die Liebe der höchste Wert ist, können diese Forschungsergebnisse nur zur Freude gereichen; denn sie vermehren die Gewissheit, sogar das von Gott bevorzugte Geschlecht zu sein! Wer also auf das christliche Menschenbild setzt, das mit dem gezeichneten Bild der Hormon- und Hirnforschung sogar übereinstimmt, für den wird es reizlos, den Männern fortgesetzt den Rang ablaufen zu müssen und ihnen ihr sicher nicht leichtes Joch und ihren hohen Schöpfungsauftrag entreißen zu wollen.

Die Frau in der Kirche hat seit Christus gleichwertig – ja wunderbar zu ihm hinaufgehoben – mitwirken können. Wenn sie eine Frau ist, will sie doch gar nicht unbedingt im Rampenlicht stehen. Sie weiß, dass der Wert ihres Wirkens auch im Verborgenen von höchstem Rang sein kann. Es gehört nämlich zu den besonderen Auszeichnungen der Frau eine starke Begabung zur Bewahrung des Transzendenten unseres Glaubens ihr Eigen zu nennen. Die Wandlung der hl. Messe ist ihr ein tiefes Gefühlserlebnis der realen Präsenz Christi, sodass für sie von dorther das Gebet besonders wichtig und wirkmächtig zu werden vermag – unter Einschluss der emotionalen Nähe zur Mutter Gottes. Es war diese intuitive emotionale Begabung, die es einem Mädchen wie Maria möglich machte, die mystische Empfängnis des inkarnierten Gottessohnes wie selbstverständlich anzunehmen. Die Marienverehrung hat deshalb besonders bei den irdischen Müttern und all ihren Sorgen Dominanz. Hier ist weibliche Gewichtung, und deshalb ist dies auch von Bedeutung für den lebendigen Erhalt des Glaubens durch praktizierende Gemeinden.

Nicht zuletzt durch diese emotionale Intensität sind in der katholischen Kirche bei der Messe die Frauen überproportional anwesend. Und last but not least war es eine Frau, Maria Magdalena, die auf dem Boden dieses spezifisch weiblichen Hellhörigseins in ihrer Feinfühligkeit als Erste dem Auferstandenen begegnete und der Welt den Urjubel zu verkünden hatte: „Der Herr ist wahrhaftig auferstanden!“(Luk. 24,34)

Sollten wir nicht allesamt mit diesen schönen Frauenaufträgen zufrieden sein? Möchten wir uns doch klarmachen: Die Angleichung aller an alle ist ein Trend, der der Wesenheit des Menschen und damit dem Willen Gottes nicht entspricht – er ist Teufelswerk!

4. Die Verleugnung der Wunder

Hier stoßen wir an einen weiteren Schwerpunkt der Anfeindungen gegen die Kirche und den Glauben: dem Infragestellen seines transzendenten Kerns. Nicht nur Ute Ranke-Heinemann, nicht nur Luise Rinser und im Chor mit ihnen die evangelischen Wortführerinnen Christa Mulack, Hildegunde Wöller und Dorothee Sölle, sondern bereits eine große Zahl im Kirchenvolk fühlt sich mit der Sextanerlogik eines biologisch aufgeklärten Zehnjährigen verpflichtet, nicht mehr an die Jungfrauengeburt Christi glauben zu können. Aber wer sich nicht vorzustellen vermag, dass – wie es die Bibel und die Geschichte der Menschheit belegt – bei Gott nichts unmöglich ist, der muss konsequenterweise auch mehr oder weniger den ganzen Lebensweg des inkarnierten Gottes umdeuten, denn schließlich reiht sich hier Wunder an Wunder, vom Weihnachtsmysterium zum Weinwunder und den Krankenheilungen, von den drei vom Tod Auferweckten zur Auferstehung und zur Himmelfahrt Christi bis zur Pfingstbegnadung. Unser Evangelium ist eine Aneinanderreihung von Ereignissen, in denen die Naturgesetze massiv in ihren zentralsten Bereichen des Lebens durchbrochen werden: bei der Zeugung, der Geburt, angesichts chronischer und lebensbedrohlicher Krankheiten und beim Tod. Und diese Durchgängigkeit in der Aussage der Offenbarung soll keine Relevanz haben? Das soll sich zum Symbol umdeuten lassen? Wenn das Evangelium weiter den Stellenwert der Offenbarung Gottes haben und behalten soll, muss doch wohl diese Massivität der Aussage als das verstanden werden, was sie ist: als die Botschaft eines Gottes, der seinen zwischen Dornen und Disteln seufzenden, in der Natur zwischen Geburt und Tod ausgelieferten Menschengeschöpfen die Möglichkeit der Befreiung aus dieser Fesselung durch die übermächtige, übernatürliche, absolut unnatürliche Liebe Gott Vaters aufzeigt. Dieses Gottes, der durch seine Identifikation mit dem Menschen und durch seinen Opfertod die Erlösung aus dem Gefängnis der Kreatürlichkeit und der Sünde einleitet und bis zur Verheißung des Lebens jenseits des Todes festschreibt.

Was können all unsere siebenmal schlauen, sich die biblischen Aussagen zurecht-knetenden Exegeten schaffen mit ihrem Getöse, gegen das Ungeheure dieser Befreiung durch ihren fundamental erlösenden Wahrheitsgehalt! Wie berechtigt allein diese durch und durch stimmige Kunde zu jauchzendem Jubel, zu kniefälliger Freude und anbetender Dankbarkeit!

Wer von dieser echten „Theologie der Befreiung" erst einmal erfasst ist, wie kann der sich noch abholen lassen von all der kleinkrämerhaften Primitivkritik an der Wundergeschichte des inkarnierten Gottes? Wer die Aussage in ihrer ganzen Tiefe versteht, weiß: Christus allein ist DER Weg, DIE Wahrheit und DAS Leben! Ohne Verständnis dieses Zusammenhanges kann es schwer große und dankbare Liebe des Menschen zu Gott als eine lebendige, den Menschen geradezu umschmelzende Glaubensfreude geben. Ohne Glauben kann es nicht Impulse zu gottgefälliger Veränderung, kann es weder Mission noch Glaubenserziehung, weder echten Religionsunterricht noch Fortschritt zur Liebeskultur geben, die mit dem im Vaterunser erbeteten Kommen des Reiches Gottes identisch ist.

Hier steht unsere katholische Kirche in Deutschland in einer Existenzkrise: Entweder sie lernt die Aussage der Offenbarung in ihrer absoluten Wahrheit und Sinnhaftigkeit wieder verstehen und bewahrt so das Proprium des christlichen Glaubens, oder sie zerredet die Grundaussagen zur Nur-Immanenz des Jesus von Nazareth oder zur Nur-Symbolik des Jesus als „Selbstsymbol" nach C.G. Jung. Aber dann büßt sie auch alle Begnadungsmöglichkeit, alle Einwirkungsmöglichkeit des Heiligen Geistes, alles Erfahren von Wundern ihres auch heute noch wundermächtigen Gottes ein und versinkt im „Markt der Möglichkeiten" einer aktionistischen Pluralität.

Diesen Weg ist die evangelische Amtskirche bereits gegangen, und sie hat – abgesehen von den sich mühsam herausrettenden, den sich in viele Gruppen und Grüppchen zersplitternden Abspaltungen – ihre Gotteshäuser leergepredigt und andere Götter auf die Altäre gehoben: den Paradiesmacher Mensch durch Politisierung, die Königin der Nacht in Gestalt von Naturgöttinnen wie etwa Astarte und Aschera, deren Anbetung Jahwe bereits im Alten Testament ein ganz besonderer Gräuel war, und vor allem den Götzen Sex.

5. Die Verunglimpfung der katholischen Sittenlehre

Auf dem Boden des liberalistischen Trends unseres Zeitgeistes musste die Krise unserer Kirche auch zu einer Krise ihrer Sittenlehre werden. Da war es nun angebrochen, dieses einmalig schöne Zeitalter durch die Erfindung der Pincuspille. Die überflüssig werdenden Tabus, die zur Treue in der Ehe auf Lebenszeit genötigt hatten, konnten aufgelöst werden. Nun durfte unbeschadet – so schien es –jeder oder jede mit jedem oder jeder von der Wiege bis zum Grabe ungeschmälert Lebensspaß erleben. Nur die „reaktionäre" Enzyklika „Humanae Vitae" des Vatikans musste dem freudigen Aufbruch der sechziger Jahre mit einer blockierenden Bremse dazwischenfahren – so argumentierten die arglosen Zeitgenossen. Ich muss zugeben, dass ich damals selbst so gedacht habe, erlebten wir in der psychotherapeutischen Praxis doch relativ oft, dass natürliche Leiblichkeit ekklesiogen verteufelt und zu neurotisierender Abwertung gebracht worden war.

Heute, 40 Jahre später, hat sich die Enzyklika „Humanae Vitae“ als das bestätigt, was sie sein wollte: ein Schutz für das Kirchenvolk vor unheilvollen Sackgassen. Heute liegen die Folgen einer unbegrenzten liberalistischen Lebensform allen vor Augen. Im Kapitel über die „sumpfigen Irrwege“ sind die höchst bedenklichen , schwerwiegenden Folgen ausführlich aufgelistet.
Wir Psychotherapeuten müssen uns aufs Neue mit vielen jungen Menschen abmühen, die durch ihre sexuellen Erfahrungen in frühen Jahren, durch sexuellen Missbrauch in der Kindheit, durch ihre Enttäuschungen mit dem Sexpartner starke Einbußen ihrer seelischen Kraft bis zu Depressionen mit Suizidneigungen erlitten. Fast immer ist in diesen Menschen der Traum vom zweisamen Glück zerschellt. Sie sind auf dem Weg zum Single und nicht auf dem erträumten Boden von Autonomie, sondern von glücksmindernder lähmender Frustriertheit und bedenklicher Minderung ihrer psychischen und physischen Gesundheit.

Und auch in diesem Zusammenhang sei es noch einmal wiederholt: Der Abtreibungsboom drückt darüber hinaus in unserer Republik mit 114 000 Abtreibungen pro Jahr dem Sexzeitalter mit seinen Folgen seinen dunklen Stempel auf – hatte doch naiver Geist gemeint, das Problem der Frühschwangerschaft ließe sich durch Propagierung von Verhütungsmitteln und mithilfe eines obligatorischen Sexualkundeunterrichts in den Schulen regulieren. Doch auch dies war dumm; denn es ist eine Überschätzung, den großen Fortpflanzungstrieb mit rationaler Technik und Appellen an die Vernunft steuern zu wollen.

Enthaltsamkeit vor der Ehe, Ein-Ehe auf Lebenszeit mit Beschränkung der Sexualität auf die Ehe, eheliche Treue mit Einbindung der Sexualität in das gegenseitige Liebesgebot der Partner, das Bemühen um eine Kultivierung ehelicher Liebe statt Auslieferung an den Trieb, diese Forderungen der katholischen Sittenlehre sind heilsame Weisungen für den Menschen. Die Ablehnung der mechanischen oder chemischen Verhütungsmittel sowie ein striktes Verbot der Abtreibung, da der Mensch von der Zeugung an gottgeschaffener Mensch ist, das alles – so zeigen die neu gewonnenen Fakten und Erfahrungen eindeutig – geben dem Mann und der Frau die Chance, sich seelisch und körperlich gesund zu erhalten und die Glücksmöglichkeiten zu steigern. Die Steinigung der kirchlichen Normen durch fortschrittsgläubige Protagonisten taugt also nicht.

Die negative Bilanz der Sexwelle wird allerdings in den Medien weiterhin streng verschwiegen. Deshalb wurde es für mich unumgänglich, diese negativen Ergebnisse, einschließlich der ebenso verschwiegenen Wahrheit über Homosexualität zu publizieren, damit wenigstens jene, die hören wollen fachkundige Auskunft bekommen (siehe das schon erwähnte Buch „Verführt, Manipuliert. Pervertiert."). Wir, unser Verein „Verantwortung für die Familie", sind auf diesem Sektor weiterhin aktiv; denn unsere Gesellschaft ist schon seit Jahren dabei, sich durch die massive Verbreitung von Falschmeldungen von den Linken über den Tisch ziehen zu lassen. Sie scheinen diesbezüglich kaum klare Informationen, besonders nicht in Bezug auf unsere jugendlichen Kinder zu haben, und auch die Schulen vermitteln keine sauberen Fakten. Das kirchliche Lehramt hingegen verkündet uneingeschränkt die eine Wahrheit. Diese Tatsache führt zu einer gesteigerten Wut auf die römische Kirche; denn schließlich hat sie – so zeigt es die gegenwärtige desolate Situation – Recht behalten! Das wiederum schürt die hasserfüllten Medienangriffe und verunsichert gerade junge Katholiken auf dem Gebiet von Sitte und Moral.

Die Aufdeckung von Missbrauchsfällen durch sexkranke katholische Priester ist daher ein erneuter Schlag gegen die standfeste Bastion der katholischem Sittenlehre, und es ist natürlich einsichtig, dass diese von Häme begleiteten Aufdeckungen von sexuellem Missbrauch durch Priester vom unbelehrbaren Zeitgeist als verwertbares Mittel gegen Papst und Kirche Verwendung gefunden haben. Doch letztlich haben sich diese Angriffe als Bumerang erwiesen, da die über Jahrzehnte verschwiegene Durchseuchung der Gesellschaft mit sexsüchtigen Kinderschändern durch weltliche Personen dadurch ebenso ans Licht kam. Hier ist die Ursache, hier ist infolgedessen die Schuld zu suchen! Schließlich wurde diese Seuche vom Zeitgeist geduldet und jahrzehntelang in lässiger Großmannssucht als ein Kavaliersdelikt – ja, geradezu als etwas Tolerierbares – angesehen.
Missbrauchsfälle unter ihren Dienern sind für die Kirche von besonderer Tragik, weil sie als Institution und geleitet von den drei letzten Päpsten mit so viel Tapferkeit durch das Hochhalten der Standarte ihrer Sittenlehre dem Hedonismus und Liberalismus entgegengewirkt hat. Kommt es heute also nicht vermehrt darauf an, die Notwendigkeit eines Hirtenamtes in den Mittelpunkt zu rücken, das die durch einen diabolischen Zeitgeist verführungsbereiten Schafe den Weg wieder finden lässt? Sollten wir uns nicht vielmehr freuen, aus Rom gottbegnadete Orientierung zu bekommen? Heute, 2011, lassen sich die guten Früchte einer christlichen Lebensführung von den schlechten der verabsolutierten „Befreiung“ des Ego eindeutig unterscheiden.

Die Bemerkungen von Papst Benedikt im Anflug auf Angola galten deshalb nicht nur dem unter Aids seufzenden Kontinent Afrika. Sie bedeuteten nicht allein Bekräftigung der Erfahrung, dass sich im schwarzen Kontinent Aids teilweise mindert, und zwar in jenen Ländern, wo die Empfehlungen von Papst Johannes Paul II. zu getreulicher Ein-Ehe greifen, nicht aber in den Regionen, die auf das Kondom als Hilfsmittel setzen. Diese Erklärungen von Papst Benedikt galten auch uns Europäern, denen es noch keineswegs gelungen ist, die HIV-Infektionen mit Kondomitis auch nur zu verringern. Er verschweigt die Wahrheit nicht, unser großer standfester Papst Benedikt – er stellt sich sogar jenen Problemen, die durch Verleugnung der Wahrheit tabuisiert sind und deren Offenlegung den Medien nicht im mindesten genehm sind!
Diese Einsicht sollte für Katholiken Grund zur Freude sein und den Impuls stärken, angesichts der Verführungssituation alles nur Erdenkliche an Kraft und Einigkeit aufzuwenden, um sich unserer Kirchenleitung an die Seite zu stellen und sehr bewusst eine Wagenburg der Verteidigung um das sich so klar und ungeschminkt bewährte Petrusamt zu bilden, statt sich den Wühlmäusen zuzugesellen, die bereits manches Kirchenterrain zum Abbröckeln gebracht haben.

Die Geschichte und unser Gott werden uns danach wiegen, ob und wie wir uns diesen Angriffen der lebensfeindlichen Kräfte gegenüber verhalten haben. Noch gibt es in unserer demokratischen Republik diese Freiheit. Aber die sich zuspitzende Situation fordert zu persönlicher Entscheidung und Verantwortung heraus. Es kommt für jeden einzelnen bewussten Katholiken, auf jeden einzelnen Bürger im noch christlichen Abendland jetzt unausweichlich darauf an, auf welche Seite wir uns schlagen.

Die neue Frau

Eine Vision über den Rettungsauftrag der zu neuer Natürlichkeit erwachten jungen Frauen.

Wenn im Mittelalter die feindlichen Heere zu den geschlossenen Burgtoren der Städte vorgedrungen waren und die Stadtmauern umlagerten, die Männer aber vom Wächterdienst ermüdet waren, schlossen sich die Frauen zusammen, machten das Pech siedend heiß und gossen es von oben herab den vernichtungsbereiten Horden auf den Kopf. Rettungstaten pur! Auch heute sind wir Frauen gefordert, dem Angriff des Bösen zu begegnen. Auch dazu müssen wir zunächst „Pech ausgießen", das heißt, das zeitgeistige Frauenbild als gefährlich entlarven, weil es dazu ansetzt, uns und unsere Kinder um unsere Zukunft zu bringen. Diese Aspekte will dieses Kapitel zu erbringen versuchen.

Wer ist das – die moderne Frau? Wie stellt das Fernsehen als der große Vormacher sie dar, wie werden hier die Ideale gesetzt? Allemal topfit, flott, modisch, schlank, drahtig, erfolgreich im Beruf durch Wendigkeit, Kreativität, Fixigkeit und flexibles Selbstbewusstsein – nie alternd. Die moderne Frau meistert Chef-, Manager- und Topberaterposten, manchmal – wie im Fluge – auch noch einen Haushalt mit Kindern und einem als Hausknecht gut angelernten Mann, von dem man sich aber gewiss nicht mehr die Butter vom Brot nehmen lässt. Wird er womöglich unangenehm, so weist man ihm die Tür und verhandelt künftig mit ihm nur noch über einen Anwalt. – Alles unter Kontrolle!? Zudem kein Kind von Traurigkeit, falls irgend etwas attraktives Männliches über den Weg läuft, was die Zeitverschwendung durch den Umgang mit ihm legitimiert – aber eher mit Abstand, lieber Ferienvergnügen statt Zusatzbelastung. Wer diesem Ideal der modernen Frau nachgeht, hat um der Karriere willen (meistens nach einigen Enttäuschungen) auf Kinder verzichtet. Manchmal ist da zwar noch ein Ableger im Hintergrund, dessen Aufwachsen man mit dem Full-Time-Job des Berufslebens „vereinbart" hat.

Einige haben noch die Chance, ihr Kind bei parat stehenden opferbereiten Großeltern zu parken. Bei höherem Einkommen werden Internate in Anspruch genommen, sonst vorzugsweise Ganztagseinrichtungen staatlicher Kinderbetreuung. Die Anhängsel sind dann aber auch irgendwann groß, treten jedoch kaum in Erscheinung oder allenfalls als ein – allerdings oft erheblicher – finanzieller Posten, wenn seine Verselbständigung nicht gelingen will.

Freiheit ist gewährleistet, meist in einer schicken Eigentumswohnung mit einem mehr oder weniger gediegenen Ambiente. Ist die Freiheit letztendlich aber wirklich so groß? Erzählen die Krankenberichte nicht zunehmend öfter von älteren Frauen, die nach der Lebensmitte Burn-out-Syndrome, Alkoholprobleme und zunehmend häufiger Anzeichen einer tiefgreifenden Depression sichtbar werden lassen? Sind die jetzt zahlreicher werdenden Single-Frauen mit ihrer Lebensbilanz zufrieden, wenn sie älter werden? Kochen da nicht allzu häufig Leere und Einsamkeit hoch, nachdem auch allmählich die meisten attraktiven Reiseziele abgespult sind?

Es darf erlaubt sein, die Frage aufzuwerfen, ob wir modernen Emanzipierten nun – trotz aller äußeren Erfolge und Anerkennung als Frau in der Gesellschaft – wirklich zu der so lauthals empfohlenen Selbstverwirklichung gekommen sind? Ist das Nachdenken darüber bei diesem Jagen nach Erfolg und Aner-

kennung nicht viel zu lange auf der Strecke geblieben? Haben wir Frauen uns vielleicht doch nur wieder angepasst – an ein Bild, das die Moderne, die Öffentlichkeit von uns erwartete, das uns in der Tiefe unserer Seele jedoch gar nicht entspricht? Es ist nötig, dass wir uns neu diesen Fragen stellen; denn eins ist sicher: Zukunftsfördernd ist dieses Frauenideal nicht, auch wenn noch so viele ihm folgen.
Wer sind wir Frauen? Die Hirn- und Hormonforschung hat uns in jüngster Zeit umfassender auf die Sprünge helfen können als die Feministinnen. Es ist faszinierend zu erkennen, wie sich dank der neuen Forschungsergebnisse zeigt, wie verschieden Mann und Frau sind und wie sinnvoll diese Geschlechterdifferenz ist.
In Bezug auf das Verstehen von Mann und Frau wollen wir etwas tiefer schürfen. Wir müssen uns daher zunächst damit beschäftigen, wie es zu dieser neuen und grundlegenden Veränderung kommen konnte. Daran muss sich eine kritische Analyse anschließen mit der Frage: Wenn sich die neue Entwicklung als negativ erweist, was müssen wir dann ändern?
Bleiben wir aber zunächst noch eine Weile beim Ist-Zustand. Wurde in der Moderne im eben beschriebenen Frauenbild das Erleben der Situation der Frau überhaupt miterfasst? Ich habe in meiner Praxis vielfältig erkennen müssen, dass es hinter der scheinbar selbstbewussten Fassade auf traurige Weise anders aussieht.
Einmal zeichnete mir eine 16-jährige Gymnasiastin eine Bildserie, die fast visionär eine ganz andere seelische Empfindung zum Ausdruck brachte, als die propere Fassade im Wohlstand sichtbar macht. Die Zeichnerin erlaubte mir später, die graphischen Darstellungen unter ihrem Namen zu publizieren. Diese Zeichnungen sind nicht zu verstehen als Seelenspiegel dieses einen Mädchens, nicht einmal das Ergebnis dessen, was ihr

selbst widerfuhr, sondern als eine erschütternde Verdichtung und komprimierte, bildhafte Wahrheit über den seelischen Zustand vieler Frauen heute – auf dem Boden des Frauenbildes in unserer Zeit.[22]

22 Christa Meves / Jutta Schmidt 1978

Das junge Mädchen erlebt und erleidet ihren Bildungsgang als eine Entwicklung zu nur scheinbarem Aufstieg bei gleichzeitigem Gefesseltsein und gleichzeitiger Entleerung.

Die Intellektualisierung verkopft und zerstückelt sie, raubt ihr die Erkenntnisfähigkeit. Sie wird geistig dadurch geradezu einäugig und die Seele verkümmert wie ein schmaler Efeu am Rande.

Das Bild zeigt, wie über die hochmütige Verintellektualisierung eine Verachtung kirchlicher Normen einsetzt, eine kokette Erotisierung, die gleichzeitig ein Stück clownhafter Vermännlichung bedeutet. In meisterhafter Symbolik kommt hier die Indoktrination zur Kirchenverachtung besonders auch in dem hochgereckten Vogelfuß zum Ausdruck. Beachtenswert die Schatten des Priesters und des Sockels, die nur noch schemenhaft ein liegendes Kreuz und eine Engelsgestalt sichtbar werden lassen.

Die Meerjungfrau ist seit eh und je ein Symbol der Jungfräulichkeit, der scheuen, wegtauchbaren, integren Tiefgründigkeit des jungen Mädchens. Das Pferd ist hier ein Symbol ihres natürlichen Instinktes.

Sie erfährt ihre Nötigung zur Frühsexualisierung als eine Zerstörung ihrer natürlichen Unversehrtheit als eine Auslieferung an den Sexus, symbolisiert in einer Unzahl von Schlangen, die über den Leib dieser jungen Frau kriechen.

Die ungewollte Schwangerschaft führt sie zu Überlegungen, die ihren Kopf in einen von Gedanken zermarterten Zwiespalt zwingt.

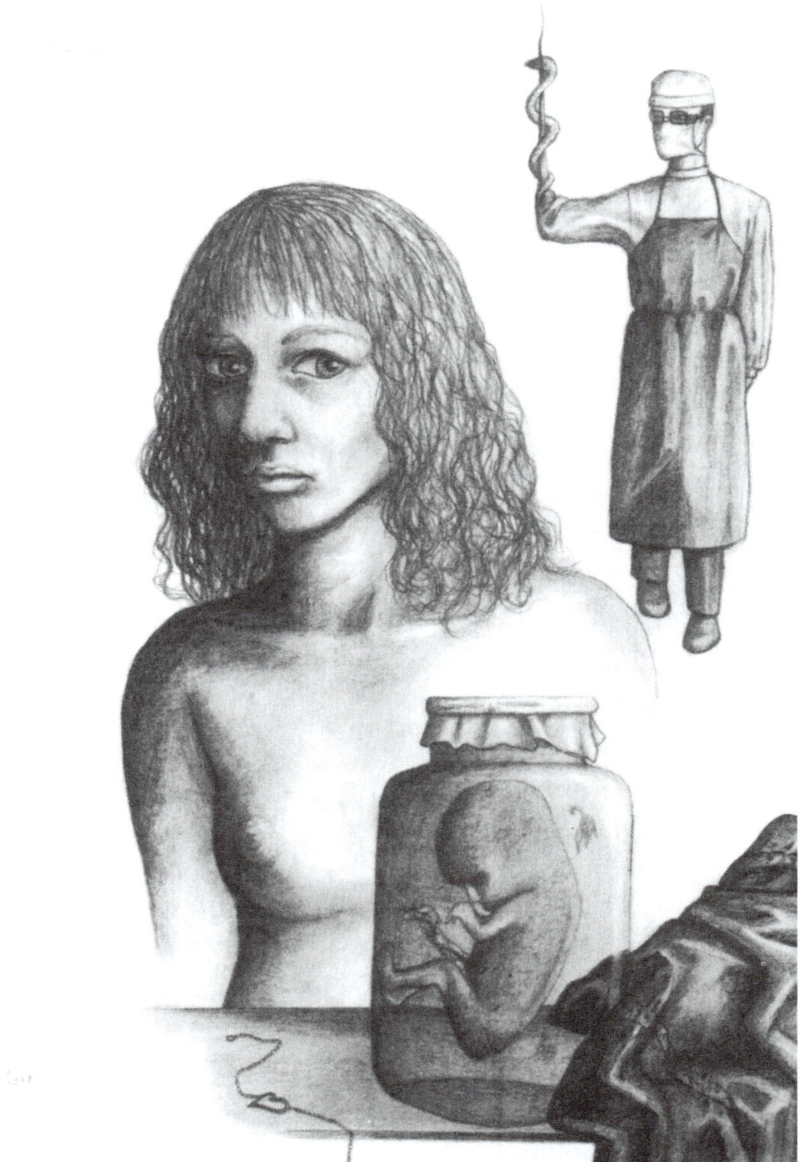

Abtreibung ist die Folge.
Die folgenden Bilder zeigen:

Wie der Gedanke an Selbstmord im ausgemergelten Körper zu wuchern beginnt,

wie die Zerstörung die Seele verdüstert und zerspaltet,

wie der Hass zur Zerstörungsphantasie gegen den Mann aufzukeimen beginnt,

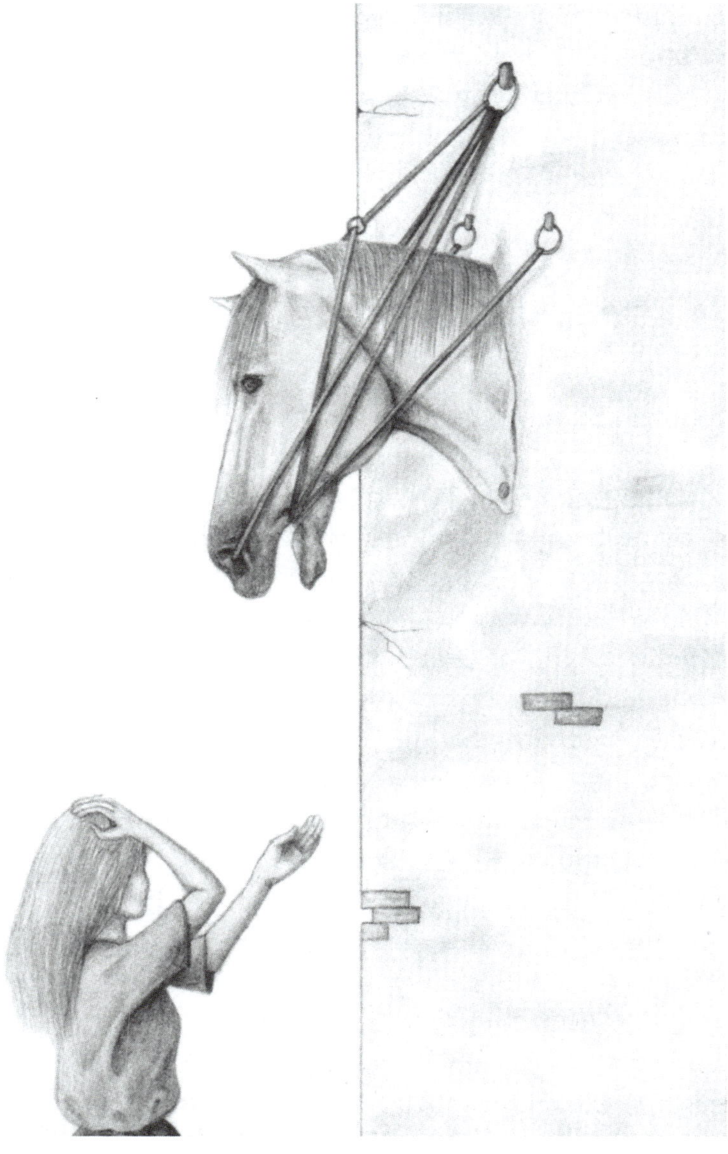

und wie sich das ganze Elend zu der Phantasie des Märchens von der Gänsemagd verdichtet.

Hier muss etwas weiter ausgeholt werden, damit die Symbolik verstanden wird, denn unsere Märchen enthalten ja grundsätzlich überzeitliche Darstellungen über seelische Entwicklungen einzelner erwachsener Menschen. Im Märchen von der Gänsemagd macht sich eine Prinzessin zu Pferde auf den Weg zum König, zur Hochzeit mit ihm. Aber ihre Magd vereitelt das. Sie setzt sich an deren Stelle. Die Prinzessin wird Gänsemagd am Königshof. Die Böse lässt deren Pferd schlachten und den Pferdekopf übers Tor hängen, das geht nur so lange gut, bis der König hinter die Intrige kommt und die Wahrheit mit einem Happyend siegt.

Tiefenpsychologisch verkörpert dieses Märchen die seelische Entwicklungsgeschichte der Frau. Ähnlich wie in manchen Träumen können die einzelnen Personen als Teile der eigenen Seele gedeutet werden. In jeder Frau, selbst in jedem Menschen wohnen, wie bei der Gänsemagd, zwei Seelen, eine edle – wie hier in der Person als Prinzessin dargestellt – und eine triviale, egozentrische, die unter Umständen auch hinterhältig und intrigant böse werden kann. Das Pferd verkörpert den gesunden Instinkt, der gewissermaßen tragende, tierische Antrieb. In diesem Märchen wird das Pferd enthauptet, weil die böse Magd (der Egoteil in der Seele der Frau) der Prinzessin (ihrem edlen Teil) die Herrschaft entrissen hat; denn die Prinzessin hat die Verbindung zur Mutter, zur Urkraft verloren und muss nun degradiert als „Gänsemagd" leben, während ihr Egoismus, ihr Egoanteil, die Herrschaft über die Seele angetreten hat, obgleich sie doch eigentlich als Braut des Königs, (das heißt, seelisch als Braut Gottes) gedacht war. Nun ist der beste Teil ihrer Seele, die Prinzessin in ihr, entmachtet und in Abhängigkeit geraten. Es kommt zur Darstellung, wie die Seele der Frau – und das tut sie auch heute! – unter dieser entfesselten Egoherrschaft seufzt: „Oh, Fallada, da du hangest!“ Wie zeitnah ist es, dass der entmachtete Instinkt immerhin noch aus der kalten Betonwand unserer Gesellschaft in all seiner entleibten Ohnmacht herausflüstert: „Oh, Jungfer Königin, da du gangest, wenn das deine Mutter wüsst‘, ihr Herz tät ihr zerspringen!“

Damit ist natürlich weder hier noch in der Mythologie des Märchens die leibliche Mutter gemeint, sondern die Natur in ihr, der eigene Anteil an der Mutter Erde in ihrer eigenen Seele, deren Verlust beklagt wird und nach positiver Veränderung sucht. Sie ist auch möglich, sagt das Märchen, solange die Verbindung von der Prinzessin mit ihrem Pferd nicht ganz verloren gegangen ist.

Bei vielen jungen Frauen ist in ähnlicher Lage Rückzug angesagt: Die Depression zwingt sie in die Isolation, ins Single-Dasein. So sieht die komprimierte unbewusst nach Hilfe rufende Stimmung in vielen Seelen heute aus.

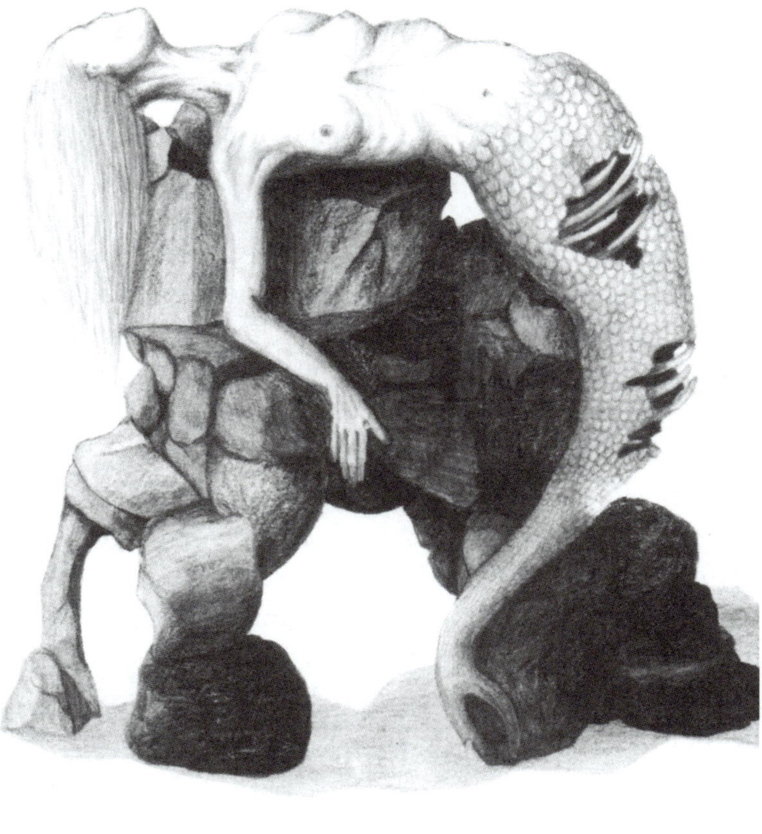

Wir dürfen nicht übersehen, dass der Angriff auf die Frau heute in voller Breitseite geschieht und die Frau in großer Schutzlosigkeit trifft. Inwiefern Schutzlosigkeit?, wird vielleicht mancher fragen. Weil mit raffinierter Gaukelei in der Frau die Vorstellung geweckt wurde, sie könne allein sich selbst befreien.

Damit setzt sich unweigerlich das Ego, das Ich, die Egomagd auf das Pferd ihres Lebens, denn nun ist sie der Schutzpflicht des Mannes ebenso enthoben wie der zahllosen umhüllenden Zäune eingrenzender Sitten, die ihr einst das, „was sich gehört" durch geschriebene und ungeschriebene Gesetze verdeutlichten. Diese Schutzlosigkeit wird vor allem hervorgerufen durch die Einbuße an Instinkt und Natürlichkeit, die ihre Entwicklung stagnieren lässt und sie wie an einer abgerissenen Brücke über dem Abgrund hängen lässt.

Oder sie entschließt sich zur Flucht nach vorn, zu einem Leben als Verführerin, die weiß, dass sie wohl in der Lage ist, besonders mithilfe der Sexbedürftigkeit des Mannes, Macht auszuüben nach allen Regeln raffiniertester weiblicher Zauberkunst. Die von ihrer Intuition losgelöste Frau fällt dann dem Machttrieb und der Egosucht anheim. Das ist heute besonders am Verlust des weiblichen Schamgefühls erkennbar, was eben eine rücksichtslose Unverschämtheit vor allem gegenüber der Männerwelt ist. Nackter Bauch, nackter Busen und ein wie hingestreckter Hintern unter den strammen Bluejeans bedeuten unverschämte Rücksichtslosigkeit gegen die Männer, weil das für sie sexuelle Auslöser sind. Aber den meisten Mädchen heute ist das noch nicht einmal bewusst. Sie haben sich einfach an das angepasst, was „in" ist. Ohne nachzudenken laufen sie eben nur mit, aufgrund einer im Prinzip erfreulichen Frauenbegabung, die aber eine Teufelsklaue enthält.

Die Frau ist oft auch eine Begeisterte für alles Neue. Die Frau ist schließlich nicht nur die Bewahrende, sie ist auch die Mitmachende, die Befeuernde, Vorauslaufende, auf das so interessante Neue. Daher ist die Frau so aufgeschlossen für die Veränderungen in der Mode, so begierig, das Neue zu suchen, mitzumachen und in gegenseitiger Steigerung zu praktizieren. NUR: ohne ihren Instinkt, ohne ihr Pferd Fallada, dominiert dann ihr Kopf. Ohne ethische Unterscheidung hält die Frau einfach alles Neue für gut; ihr unbekümmertes Mitmachen mit dem, was alle machen, wird zur krankhaften Neuerungssucht, Neugier im wahrsten Sinne des Wortes mit der rechthaberischen Vorstellung, dass alles Neue, was wie eine Schablone aus dem Fernseher quillt und was alle stereotyp mitmachen, eo ipso auch das Richtige sein müsse.

Am schlimmsten wirkt sich diese Neigung heute durch die sich so modern gerierende Gleichheitsideologie der Geschlechter in den Schulen und Ausbildungsgängen aus. Wenn es mehr wert ist, wenn es mehr Beachtung erbringt, so zu leben wie der Mann – wie sollen wir Frauen dann nicht alles daran setzen, es den Männern gleichzutun, so gleich wie möglich? Die verkopfte Männin ist installiert!

Aber wer erkennt denn noch, dass die These, Männer und Frauen seien von Natur aus gleich und nur die böse Umwelt bewirke unterschiedliche Entwicklung eine uns vorgegaukelte Täuschung ist. Wer durchschaut, dass diese Ideologie mit exakter wissenschaftlicher Erforschung der Psychologie der Geschlechter nichts zu tun hat? Männer und Frauen sind im Grunde von klein auf unterschiedlich begabt; sie haben von klein auf unterschiedliche Interessen.

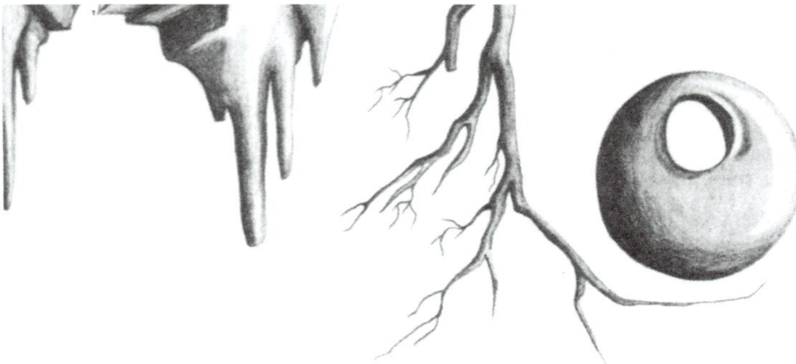

Die Frau, die sich hat einfügen lassen in Bildungsinstitutionen, die aus männlichem Geist entwickelt wurden, wie z. B. die Universitäten, gerät in die Gefahr, die Einheit mit ihrer Urnatur, hier dem Pferd Fallada, zu verlieren und damit jene Brücke, die sie in die Vervollkommnung zu führen vermag. Die Kugel der Ganzheit ist entwurzelt, durchlöchert und schwebt ohne Anbindung im Raum.

Zunächst hatte es doch scheinbar so harmlos, so positiv begonnen: Mit der Frauenemanzipation am Ende des 19. Jahrhunderts erhoben die Frauen ihren Anspruch auf geistige Eigenständigkeit. Dies ist gewiss legitim. Frauenbildung, Frauenkultur ist geradezu ein Kennzeichen einer hochentwickelten Zivilisation. Freud war hier bahnbrechend. Die Frau sei dem Mann intellektuell gleichwertig, wenn gewiss auch in andersartiger Weise, postulierte er. Die Verwirklichung der spezifischen Kreativität der Frau steigert in der Tat die Qualität der jeweiligen Gesellschaft, immer auch zum Wohl der Kinder als eine qualitative Steigerung des seelisch-geistigen Niveaus, vor allem durch ihre Mitarbeit in erzieherischen, helfenden und künstlerischen Bereichen.

Diese geistige Lebenserweiterung der Frau wurde durch ihre Emanzipation sichtbar, nachdem ihre Protagonistinnen den Zugang zu den Hochschulen und die Vermehrung ihrer Rechte erkämpft hatten. Das führte in Deutschland trotz der Misere in der Zeit nach dem Ersten Weltkrieg in den 20er-Jahren zu einer erfrischend aufblühenden, kulturellen Entwicklung und zu maßvollen Entscheidungsmöglichkeiten zwischen Beruf und Familie. Maßvoll insofern, als für die Frau mit Kindern die Familie Priorität behielt, während die vielen kriegsbedingt unverheirateten Frauen in lebenslänglichen Berufstätigkeiten ihre Begabungen auf das Fruchtbarste als Lehrerinnen einsetzten, was zu einer Hochblüte der Pädagogik und einer Erhöhung der Frauenkultur führte.

Der Dämon Hitler missbrauchte diesen gesunden Status durch Prämien auf Gebärfreudigkeit auf das Schändlichste, denn er benötigte in seinem Allmachtswahn Kanonenfutter. Darüber hinaus geschah der Frau während der zwölfjährigen Diktatur durch ihre intensive gefühlsbetonte, religiöse Begabung eine heimtückische Verführung, denn viele Frauen gerieten in einen dämonisierten Rausch. Der Diktator wurde zu ihrem Götzen, sodass selbst ihre bessere Witterung für nahendes Unheil versagte und sie millionenfach einer scheinreligiösen Anbetung für den „großen Führer" verfielen, die dieser als ein Büttel des Teufels, Christus nachäffend, inszeniert hatte.

Es war den (oft als Witwen überlebenden) Frauen des Dramas nur eine kleine Zeit vergönnt, den wahren religiösen Maßstab wiederzuentdecken, ehe sie diesmal mit voller Breitseite von einer neuen gigantischen Verführungswelle getroffen wurden, die bis heute anhält und unser Land durchgängig einer existenziellen Krise aussetzt.

Es begann – abermals scheinbar positiv – mit der Zulassung der Antibabypille und der großflächigen Propagierung der Verhütungsmittel. Damit wurde die Frau erstmalig in der Geschichte der Menschheit einer Aufgabe enthoben, der sie bisher kaum ausweichen konnte: der Produktion und des Aufziehens von Nachkommen. Was aber zunächst eine Möglichkeit zur erweiterten Selbstbestimmung der Frau und einer Abwehr von mütterlichen Überlastungen durch ein Übermaß an Kindersegen zu sein schien, zeigte in wenigen Jahren die Teufelsklaue Geburtenschwund.

Die Familie wurde fortan als veraltet diffamiert. Veraltetes können wir Frauen aber ganz und gar nicht aushalten. Das Bedürfnis, frisch, modern zu sein, ist geradezu ein weiblicher Trieb. Zudem – schlangenhaft wie in der Genesis – erhob sich jetzt das Geschrei von der „Falle Mutterschaft", von der kinderlosen Simone de Beauvoir, der Lebensgefährtin des französischen Philosophen Jean Paul Sartre in der Zeit nach dem 2. Weltkrieg inszeniert. Ihre Parolen wurden mit durchschlagendem Erfolg aufgenommen. Aus diesem Trend erwuchs der militante Feminismus, der sich die Macht über die Männer und vor allem die Legalisierung der Abtreibung zum Ziel setzte. Von 1976-1992 wurde in mehreren Schritten der §218 aufgeweicht, wodurch der Rückgang der Geburten bis heute in einem verheerenden Ausmaß festgeschrieben wurde. Als Instrument der Demontage gesellte sich der Scheidungsboom hinzu. In 67% geschieht das Scheidungsbegehren auf Veranlassung der Ehefrauen!

Zeitgleich mit dieser Entwicklung wurde die Ehe ohne Trauschein hoffähig. Die Abschaffung des sogenannten Kuppelei-Paragraphen ermöglichte dies Provisorium ohne Kinder als eine praktikable und gesellschaftlich anerkannte Lebensform. Dieser Liberalisierungsschub, der von den Medien einhellig unterstützt wurde, entwickelte sich für die Frauen besonders auf Grund ihrer hohen Anpassungsfähigkeit zu einem Terrain modischer Verführtheit großen Stils, dem sie abermals nicht im mindesten gewachsen sein konnten. Kritiklos rannten sie einmal mehr den Schalmaienklängen der Meinungsdiktatur hinterher, diesmal mit dem Götzen Sex um jeden Preis.

Das erwies sich als besonders verhängnisvoll, weil es sich bei diesem diabolischen Angriff um eine Zerstörung ihres Urbereichs handelt: Um die Eliminierung harmonischer Gemeinschaft mit dem Mann auf Lebenszeit, in fester familiärer Einbindung. Bei diesem diabolischen Angriff handelt es sich um einen Vernichtungsfeldzug jener Urbereiche der Frau, die eine Gesellschaft überlebensfähig machen: Die nicht löschbare Sehnsucht der seelisch gesunden, natürlichen Frau nach fester Bindung ist als Schutz für ihre Kinder in der Seele der Frau verankert. Das wurde vor allem durch das Tolerieren und Üblichwerden der Ehen ohne Trauschein untergraben. Das

Provisorium des „Monatsgefährten“ ist nicht in der Lage, das Bedürfnis der Frau nach beschützter Sicherheit zu befriedigen; denn das ist eben auf ein Nest mit schutzbedürftigen Kindern programmiert. Die Sexualität im Leben der Frau ganz vom Offensein für die Fortpflanzung abzukoppeln, bekommt deshalb ihrer Seele nicht – jedenfalls nicht über eine lange Zeit hinweg.

Die Pille hat schwerwiegende Folgen – körperlich wie seelisch. Das Schwingen im Zyklus, vor allem die hohe Stimmungslage während des Eisprungs wird eliminiert, sodass sie auf die Dauer für den Mann immer seltener die beschwingte Gefährtin, sondern eher chronisch übellaunig wird. Das führt zu immer häufigeren Fluktuationen in dieser Lebensform und endet schon gar nicht mehr selten in enttäuschtem Singleleben unter ständig steigender Brustkrebsgefahr; denn dieses Risiko lässt sich – bedingt durch die riesige Zunahme des Mamakarzinoms – in der Öffentlichkeit nur mühsam weiter unter den Teppich kehren. Die Weltgesundheitsorganisation ist deshalb in jüngster Zeit genötigt gewesen, in der Rubrik der Pillennebenwirkungen das Mamakarzinom hinzuzufügen. Andere Frauen verfallen als Folge eines leeren Sexuallebens einer Sexualsucht, die sie an den Trieb fesselt, mit allen Auswüchsen und Einbußen an geistiger Freiheit, die sich daraus ergeben. Oder der Ekel holt sie ein und lässt sie jegliche Körpernähe nicht mehr ertragen. „Untersex“ heißt diese neue Krankheit.

Gravierend ist es, dass die mütterlichen Fähigkeiten der Frau, die doch auch der Mann dringend braucht, auf diese Weise mehr und mehr schrumpfen, selbst, wenn sie noch eine späte Mutter wird. Dieser Typ Frau „leistet sich“ mit und ohne Mann dann eben auch oft noch mal ein Kind. Aber eigentlich ist die Lebensweiche längst anders gestellt.

Es liegt nahe, solche Einzelkinder vom Anfang an fremdbetreuen zu lassen. Die sich daraus entwickelnden kollektivistischen Trends in der Kindererziehung untergraben aber die Begabungsentfaltung der Frau als Mütter, die durch eine langjährige tägliche Betreuung eigener Kinder entsteht.

Die prägende Bindung zwischen Mutter und Kind bleibt aus und bewirkt Minderung der Bindungs- und damit der Ehefähigkeit in der nächsten Generation. Durch diese Entwicklung entstand in der Gesellschaft generell eine Einbuße an seelischer Substanz; denn die seelische Gesundheit der Kinder wird durch die Tendenz zur Kollektiverziehung geschwächt, sodass sich in der nächsten Generation auch auf diese Weise die Zahl der Loser weiter verstärkt.

Auf diesen Boden ließ sich auch der von 1969 an machtvoll propagierte Jugendsex breitflächig installieren – mit Folgen, wie meine Zeichnerin das in ihren Bildern geschildert hat; denn nun wird lebenslänglich dranghaft sehnsüchtig die Mutter weiter gesucht (s. das Kapitel über die Sucht) z.B. im Alkohol, in unmäßiger Nahrungsaufnahme oder in der Umarmung eines gleichaltrigen Mitschülerlovers. Doch nichts kann die unbewusste Sehnsucht nach der Mutter auslöschen, die in der Prägungsphase nicht hat genügend präsent sein können.

Der Teufelskreis ist nun geschlossen. Die negative Entwicklung wird in der veröffentlichten Meinung durch eine laute, von der Regierung voll unterstützte Überbetonung des Wertes der erwerbstätigen, auf Kinder-Erziehung nicht mehr verpflichtete Frau verstärkt. Die Abwertung der kinderreichen Mütter und der Trend zur Angleichung der Frau an die Lebensweise des Mannes ist lediglich eine logische Folge. Die Gleichheitsideologie triumphiert zur Zeit, obgleich die Lüge von der Gleichheit der Geschlechter mittlerweile durch die Fortschritte in der Hirn- und Hormonforschung immer mehr widerlegt wird. Aber nichts hat diese Ideologie anfechten können. Vielmehr bewirkt ihre einhellige Vermittlung in den Medien und im Bildungssystem machtvoll, dass eine Frau nur dann etwas taugt, wenn sie möglichst ununterbrochen und möglichst lukrativ, am besten mit einer tollen Karriere erwerbstätig ist. Niemand bringt sie auch nur auf die Idee, einmal einen Gedanken daran zu verschwenden, ob das für sie wirklich ihr eigentliches Lebensziel ist.

Eine ideologische Einseitigkeit fand jahrzehntelang auch im Schlankheitswahn der Mode statt. Es lebe die Angleichung der Frau an den Mann! Durch Hungern reduzierten Millionen Frauen in unserer Republik ihr Gewicht dergestalt, dass sie biologisch zum Neutrum regredierten. Bei Untergewicht versiegt nämlich die Fortpflanzungsfähigkeit. Diese Aushöhlung der Frau entspricht einer Entwicklung zu funktionaler Larvenähnlichkeit: Wer im Karussell der gesellschaftlichen Werte mitspielen will, hat von der Geschlechtsreife ab sein natürliches Nahrungsbedürfnis zu zügeln – auf welche gewaltsame Weise auch immer. Auch dadurch war der Geburtenschwund jahrzehntelang programmiert. Der Schlankheitswahn der jungen Frauen ist auch heute nicht überwunden, hat sich aber immerhin ein wenig abgeschwächt.

Kann nicht eventuell auch Lesbos – zur Edellebensform hochstilisiert – das Vakuum füllen? Aber selbst diese Form von Partnerschaft pflegt nicht weniger häufig als die Ehen ohne Trauschein unter fulminanten seelischen Verletzungen mit vielen Tränen zu enden. Die Stimmungslage der Unerfülltheit verstärkt sich. Aus ihr wächst ein Versuch der Befreiung von der Fessel einer Vorgegebenheit durch den geschlechtlichen

Unterschied. Die Proklamation von Gender-Mainstreaming als Zukunftslebensform ist die Folge.

Mancher mag denken, dass die Situation so gravierend doch nicht sein kann. Diese Denkweise ist vor allem bei jungen Menschen verständlich. Doch die Realität zeigt, dass die Jugend sich schwer tut mit dem Heiraten und mit dem Gründen der Familie. Immerhin sind manche ganz glücklich mit ihren lockeren Verbindungen oder ihren Beziehungen auf Zeit. Im Übrigen braucht man doch einen Beruf und damit eine Möglichkeit, sich selbst zu ernähren. Natürlich, das steht außer Frage! Aber auch hier geschieht seit 1968 durch eine familienfeindliche einseitige Ausrichtung eben Zerstörerisches! Allein die nackten Zahlen beweisen die Größe der existentiellen Gefahr für unsere Zukunft! Das sollten wir nicht vergessen! Wie die Insekten dem Licht überlässt sich eine Gesellschaft dem heißen gleißenden Schein.

Für unser Land bedeutet die Verhinderung von Familienbildung (wie sie durch einen anderen Trend und durch die Schaffung angemessener Rahmenbedingungen möglich wäre) mithilfe der Vernichtung des zentralen Frauenwunsches nach einem erfüllten Familienleben unweigerlich Genozid.

„Es ist 30 Jahre nach 12“, schreibt der Bielefelder Demoskop Herwig Birg[23]. Das ist zweifellos eine ultimative Warnung. Es sei denn, die diabolische Stoßkraft wird als Gefahr erkannt, und der Frau wird zu einem Weg aus ihrer Entfremdung verholfen.

Dabei handelt es sich noch nicht einmal nur um die Gegebenheit, dass sie nicht mehr genug Kinder in die Welt setzt. Hinter der Eingleisigkeit einer rigiden Leistungsgesellschaft

23 Birg 2001

scheint bereits eine allgemeine Erkaltung der Gefühlswelt im fortgesetzt verkünstlichten Leben auf. Als Folge einer unerkannten Abwertung des höchsten Wertes auf der Werteskala des Homo sapiens stirbt die Liebe, und damit wächst eine unglücklich machende seelische Verarmung, der als Erstes die Frau zum Opfer fällt, als Nächstes schließlich die Männer, die Kinder und als Folge gebiert sie verbittertes Unglück auch bei den abgeschobenen alten Familienmüttern und -vätern.

Eine Kehrtwendung weg von diesem atheistischen selbstherrlichen Frauenbild ist also not! Die Frau hat eine sogar in ihr Gehirn eingeprägte Begabung, die hintangestellt worden ist, ohne deren Verwirklichung es in einer kultivierten, vom Christentum geprägten Menschheit keine Zukunft geben kann. Die Frau ist mithilfe von Hormonen hirnmäßig auf Kommunikation und Bindung programmiert. In der Liebe zu einem Mann, in der Liebe für ihre Kinder und Großkinder lässt sich dieser aus ihrer zentralen Begabung entspringende Auftrag am unmittelbarsten verwirklichen, allerdings nicht ausschließlich und nicht zwingend auf diese eine Weise.

Dieser Auftrag macht die in der Frau angelegten Möglichkeiten in Wahrheit zu einem Superwert. Er ist eine Auszeichnung von Gott, ein Geschenk, das allein durch diese Einsicht bereits glücklich machen kann: „Ich bin eine Frau, ich bin von Gott auf Liebe programmiert!" Gott hat uns Frauen schließlich durch Christus sein Ziel im Hinblick auf den Sinn der Schaffung Menschen deutlich vor Augen gestellt: Tatkräftige Liebe für Gott und die Nächsten ist danach – laut Bibel – der höchste Wert.

Mithilfe einer Kultivierung der Liebe die Menschheit zu der von Gott so gewollten Ausgestaltung zu bringen, ist sogar die zentrale Hauptbestimmung der Menschheit! Damit es möglich wird, sich dahin – trotz aller menschlichen Schwächen und Lebenswidrigkeiten – heranzurobben, dazu hat Gott im Konkreten besonders die Frau ausersehen. Deshalb hat Gott sie hirnmäßig so ausgestaltet, dass durch ihre Gefühlswärme die Liebesfähigkeit unter den Menschen steigerungsfähig wird. Leistung, Karriere, Besitz – sie sind Werte, aber doch keine Höchstwerte! Kultur, Sinnerfüllung und dadurch Lebensfreude sind nur durch die Realisierung der Liebe im Alltag zu gewinnen, und zwar am wirksamsten in einer direkten Beziehung der Akteurinnen zu Gott. Das ist keine Utopie; denn nicht alle Frauen sind dem dekadenten Trend aufgesessen.

Es gibt besonders unter den jungen Menschen auch heute noch natürliche, frische, gesunde. Um so dringlicher ist ihr Mitmachen, ihre laut artikulierte, bewusste Abwendung von diesem gekünstelten Frauenbild. Am Anfang dieser neuen Emanzipationsphase müssten die Frauen dazu angeregt werden, ihr Eigentliches, das typisch Weibliche zu erkennen, zu beachten, zu pflegen und zu bewahren bzw. als einen besonderen Auftrag, als ihre Bestimmung, zu verstehen. Auf diese Weise könnten sie die Fülle weiterer, echter Begabungen ertasten und ein Bewusstsein über deren spezifischen Wert entwickeln.

Die meisten Frauen haben eher soziale und praktische Schwerpunkte, ihre Feinmotorik ist wesentlich ausgeprägter als die des Mannes. Es erfüllt sie, sich für den Nächsten in dieser Weise zu betätigen. Frauen sind im statistischen Mittel eher musisch, tänzerisch, sportlich, ästhetisch begabt und haben Freude an schöner Ausgestaltung – die meisten jedenfalls mehr als an abstrakt-logischem Denken. Frauen interessieren sich für die Menschen neben sich, sie haben die Gabe, sich in sie einzufühlen und das unmittelbare, natürliche Bedürfnis, den Schwachen zu helfen. Wenn sie sich nicht durch den Rattenfänger der Angleichung verführen lassen, erfassen manche Frauen heute diese Möglichkeiten zur Lebenserfüllung in unserer verkopften und erkalteten Welt mithilfe ihrer ahnungsvollen Gefühlsoffenheit neu und finden dadurch sogar wieder zu Gott, sodass – unbeachtet von den Medien – die Zahl der kirchengläubigen Frauen heute durch den Zuwachs an jungen Frauen hoffnungsverheißend zunimmt. Nicht einmal die Frauenklöster sind trotz aller schnöden Abwertung in der Öffentlichkeit ausgestorben!

Das ist der Menschheitsauftrag der Frau – das Hinaufpflanzen der Menschen in ihrem Umfeld zur Menschlichkeit, zur Steigerung der Lebensqualität durch Einfühlen und Einwirken auf die ihr nahen Menschen! Goethe hat das gewusst, als er seinen Tasso sagen ließ: „Willst Du erfahren, was sich ziemt, so frage nur bei edlen Frauen an!“ Damit ist auch die Rückgewinnung des Schleiers als Symbol der Bewahrung und Integrität besonders des jungen Mädchens als ein ihnen neu bewusst werdender hoher Wert gemeint. Die Frauenseele ist als Prinzessinenseele gedacht. Sie braucht nicht hinter Lady Di und Victoria von Schweden hinterherzulaufen, wenn sie diese seelische Verwirklichung in sich selbst suchen würde, lebenslänglich ist das möglich, auch noch im Alter.

Wir Christen haben darüber hinaus auch noch ein echtes, ein unsterbliches Vorbild solcher Weiblichkeit in der Mutter Maria! Nicht umsonst mahnt Benedikt XVI. immer wieder, Maria ins Blickfeld zu rücken; denn das Bessere in unserer Seele, das Prinzessinnenhafte in der Gänsemagd, müssen wir – gegen all die Sirenenklänge zur Verführung – mit einer neuen Form von Bewusstheit über die Gefahren für unser Seelenheil mit Ernst und Eifer anzustreben suchen; denn Frauen können böse entarten. Sie können schließlich auch intrigant hexenhaft werden.

Die Entmachtung des Mannes, der Triumph über ihn, wie es die Feministen der Frau eingeblasen haben, kann sie auf die Dauer nicht glücklich machen.

Eine seelisch gesunde Frau erhofft sich im Grunde Ehe, wie die Shellstudien immer wieder zutage fördern, und zwar eine dauerhafte, in der sie sich in der Stärke eines verlässlichen Mannes behaust fühlt, in dessen Sein sie sich einfügen kann, um sich darin leidenschaftlich zu verschwenden. Eine lebenslange Ehe ist deshalb auch für die Frau in der Moderne ein tief sinnvoller Auftrag, als ein nie endendes Lernprogramm, weil es vom Anderen in all seinem Anderssein so viel zu lernen gibt, sodass durch gegenseitige Ergänzung für beide seelische Bereicherung geschieht. Einer solchen Frau bedarf der Mann statt des anspruchsvollen, gegen ihn auftrumpfenden Ungeheuers, zu der sie unter der Anleitung verbissener Feministinnen verkommen kann.

Der liebevoll und hellhörig aufmerksamen, der wachen, für das Gute entscheidungsfähigen Frau bedarf im Grunde die ganze Welt! Auf Kultivierung hin ist sie angelegt. Die Basis dafür liefert die Frau mit ihren spezifischen Fähigkeiten zu umsorgen und mit ihrem Mut, auch in schweren Krisen durchzuhalten, sowie andere mit durchzutragen. Mit ihrer Fähigkeit zu verzeihen und neu zu vertrauen, mit ihrer Möglichkeit, froh zu machen und Menschen damit anzustecken, mit ihrem Spürsinn, in den Herzen zu lesen und im rechten Augenblick das rechte Wort zu finden, ist sie „die starke Frau", wie sie im „Buch der Weisheit" beschrieben wird.

Dieses „Ewig-Weibliche" kann uns retten und uns hinanziehen, wie eben gerade mit dieser Quintessenz der 82-jährige Goethe sein Faustdrama und damit die Haupterkenntnis seines gesamten Lebenswerkes beendete.

Um nicht missverstanden zu werden, sei an dieser Stelle noch einmal betont, dass hier nicht dafür plädiert wird, die moderne Frau zurück an den Herd zu schicken, weil dort ihre alleinige Bestimmung in der Familie zu sehen sei. Es ist und bleibt selbstverständlich: Sie kann ihre vielseitigen und reichhaltigen Begabungen überall einsetzen. Im Konkurrenzkampf mit dem Mann um machtvolle Positionen hat sie sich nach einem mit zähem Fleiß durchgekämpften Ausbildungsweg als außerordentlich erfolgreich erwiesen. Wenn es unbedingt gefordert wird, so zeigt es sich, dass Frauen mit zäher Energie Vieles schaffen. Die Frau wird auch nicht dadurch zur Männin, dass man sie in den Schulen den Satz des Pythagoras und sphärische Trigonometrie lehrt, und es gibt schließlich auch einige Ausreißer im statistischen Mittel der Begabungsschwerpunkte wie Madame Curie, Lise Meitner und Angela Merkel. Aber im Allgemeinen verdankt die Frau diese äußeren Erfolge vorrangig ihrer größeren Anpassungsbereitschaft. Wenn es der Zeitgeist verlangt, lässt sie sich eben auch verkopfen, lässt sie sich an die Maschinen des Sozialismus und an die Verkaufskassen des Kapitalismus verfrachten, ohne dass sie gleich merkt, dass sie dabei womöglich an ihrer Seele Schaden nimmt!

Nun haben wir modernen Frauen all die Probleme um die sogenannte Vereinbarkeit von Beruf und Familie, die uns weiterhin zwingen, uns nach der Decke zu strecken; denn mittlerweile ist es schon sehr spät. Der finanzielle Niedergang als die direkte Folge dieser Lebenseinstellung ist doch bereits eingetreten! Hier besteht ein direkter Zusammenhang. Am Anfang stand die Verführung der Frau zu diesem falschen, egozentrischen Frauenbild! Deshalb muss jetzt als Erstes dieses revidiert werden! Eine kluge, wahre, zu Gott wieder hinauffragende Einstellung der Frau muss den Anfang machen. Unreflektiert ist unsere Gesellschaft vor allem durch den Verlust des Hinauffragens zu ihrem Schöpfer ins Unglück geraten!

Wir brauchen eine neue Phase einer echten, einer inneren Frauenemanzipation, bei der es sich vorrangig um den Erhalt und die Verwirklichung des Frauenauftrags handeln müsste! Erst dann könnte es wieder vernünftige Bildungssysteme und vernünftige Rahmenmaßnahmen des Staates für die Familie geben, sodass die Frau auch den Weg der Familienmutter mit vielen Kindern als Hauptberuf einschlagen könnte, weil sie das erhobenen Hauptes und in bewusster Entscheidung als Berufung, als höchsten Wert für sich, für ihre Kinder und damit für alle, versteht und vom Staat finanziell unterfüttert wird. Erst dann ließen sich bei Bedarf für Mütter Einrichtungen schaffen, die es ihr ermöglichen nach einer längeren Familienphase wieder erwerbstätig zu werden.

Einige junge Frauen ahnen auch bereits, wie gefährlich für ihre Lebenserfüllung, für ihr Glück die modischen Sackgassen zu schrankenloser Liberalität und Angleichung aller an alle sind. Besonders aus den vielen negativen Berichten im Umfeld dämmert eine neue Klugheit bei den jungen Frauen auf, ein neues Suchen nach einer Kultivierung ihrer Liebe auch in der Beziehung zum anderen Geschlecht. Nun wird der neue Bekannte erst einmal cool getestet: auf Anstand, auf Verlässlichkeit, auf Pünktlichkeit, auf Ehrlichkeit, auf Vertrauen füreinander, auf Bindungsfähigkeit. Es gibt wieder Gruppierungen wie "Wahre Liebe wartet" und Glaubensgruppen in den Kirchen. Auch wird das Falsche der bisherigen Werteskala: Hauptsache Freiheit, Hauptsache Unabhängigkeit, Hauptsache Ich, Ich und noch mal Ich, erkannt.

Mit allen Mitteln müssen wir uns gegen die Versexualisierung unserer Jugend zur Wehr setzen, uns gegen den Wahnsinn stemmen, dass man ihn den Kindern in verpflichtendem Sexualkundeunterricht gar schmackhaft zu machen versucht, einschließlich aller möglichen Perversionen. Das ist böser Verrat der Schule an ihrem Auftrag! Die Bilanz nach 25 Jahren Erfahrung mit Jugendsex kann negativer nicht sein.

Gegen solche Fehlentwicklungen gehen junge Frauen heute bereits in die Abwehr. Ihre Unberührtheit wird ihnen neu zum Wert! Zwar hat der Mensch wieder einmal den hirnrissigen Versuch gemacht, sein Leben nach eigener Maßgabe zu installieren, aber die Spezies Mensch besteht aus Organismen, die mit einer Reihe natürlicher Vorgaben ausgestattet sind, aus denen sich der Wille Gottes schlussfolgern lässt. Unsere maßgeblichen Ideologen glauben, sich darüber hinwegsetzen zu können. Unbeeindruckt von den negativen Symptomen wird von den Selbstmachern in schauerlichen Grenzüberschreitungen jetzt versucht, durch neue Künstlichkeiten Fortschritt anzuberaumen: mit extrauteriner Befruchtung, mit Leihmüttern, mit eingefrorenen Embryonen zu späterem Gebrauch mit künstlich erzeugten Homofamilien oder durch Kollektivierung der Säuglinge und Kleinkinder, durch Abschaffung der Familie per Gender-Mainstreaming.

Nichts wird sich berichtigen lassen ohne eine sehr bewusste Einstellungsänderung der Frauen, die darauf bedacht sind, ihre echte Würde neu zu erkämpfen, ihre seelische Unversehrtheit. Das bezieht sich auch auf eine Erneuerung des Bewusstseins der Frau in Bezug auf eine stolze Bewahrung kostbarer Leiblichkeit. Sie müssen auf ihren zentralen Auftrag, den des Anstands, den einer echt eigenständigen Souveränität setzen, ganz real, ganz entschieden in ihren Lebenszielen, aber auch hic et nunc in ihrem Alltag; denn nur mit dieser Einstellung lassen sich auch die Leiden des Lebens bestehen.

Erst danach können wir mit Änderungsvorschlägen an die Gesellschaft herantreten, vor allem durch die Schaffung von Schulen, die auf die Ausgestaltung und Gesunderhaltung der Frauenseele bedacht sind, sowie mit verkürzten Bildungsgängen, die Raum lassen zur rechtzeitigen Familienbildung, statt diese zu verpassen!

Vor allem aber brauchen die neuen Frauen die ihnen angestammte alte – neue Nähe zu Gott Vater.

Ein neuer Schub von echter, der Frau gemäßen Emanzipation ist dringlich. Bei einer solchen Zielrichtung könnte der Wunsch nach Familienbildung, nach Kindern, wieder Vorrang und Anerkennung gewinnen. Nur die Frau, die mit Selbstsicherheit echt weiblich sein darf und sein will, kann echten Fortschritt bringen.

Rilkes Vers im Brief an eine junge Studentin, die vielleicht schon ein wenig zu verkopfen begann, fasst die Zielmarken des christlichen Frauenbildes der Zukunft zusammen:

Schwer ist zu Gott der Abstieg, aber schau:
Du mühst Dich ab mit Deinen leeren Krügen
Und plötzlich ist doch Kindsein, Mädchen, Frau
Ausreichend, um IHM endlos zu genügen.
Er ist das Wasser, bilde Du nur rein
Die Schale aus zwei hingewillten Händen
Und kniest Du überdies – ER wird verschwenden
Und Deiner größten Fassung über sein.

Literaturverzeichnis

Amendt, Günter: Sexfront, Frankfurt 1970

Birg, Herwig: Die demographische Zeitenwende, Berlin 2001

Bours, Johannes: Leidenschaft für Gott, Freiburg 1981

Brezinka, Wolfgang: Erziehung und Kulturrevolution. Die Pädagogik der Neuen Linken. Konstanz 1972

– Die Pädagogik der Neuen Linken, 5.Aufl. München, Basel 1980

– Erziehung in einer wertunsicheren Gesellschaft, Konstanz 1986

Brizendine Louann: Das weibliche Gehirn, Hamburg 2007

– Das männliche Gehirn, Hamburg 2010

Comfort, Alex: Der aufgeklärte Eros, München 1964 Jg. 99/49 2002

Deutsches Ärzteblatt: Zervixkarzinom, HPV-Infektion und Screening. Jg. 100.3, 2003

Eliot, Lise: Was geht da drinnen vor? Berlin 2001

Ehmann, Rudolf: Die fatalen Nebenwirkungen von Pille und Spirale, Radio Horeb 2010

Ernst, Siegfried: Schwangerschaftsabbruch, Stuttgart 1980

Gamm, Hans-Jochen: Kritische Schule, München 1970

Giese, Hans, Schmidt, Gunter: Studentensexualität. Verhalten und Einstellung, Hamburg 1968

Haug, Hans Jürgen, Maessen, Hubert: Was wollen die Schüler? Politik im Klassenzimmer, Frankfurt 1969

Herman, Eva: Das Eva-Prinzip, Starnberg 2006

Herman, Eva/Steuer, Maria Hrsg.: Mama, Papa oder Krippe?, Holzgerlingen 2010

Hentig, Hartmut v.: Spielraum und Ernstfall, Stuttgart1969

Horvath, Peter: Die inszenierte Revolte, Hinter den Kulissen von '68, München 2010

Illies, Joachim: Schöpfung, Scham und Menschenwürde, Kassel 1977

Kaminski, Cornelia: Tödliches Schweigen, Abtreibung und Brustkrebs, Lebensforum 2002

Kentler, Helmut: Sexualerziehung, Reinbek 1970

Knabe, Hubertus: Honeckers Erben, Die Wahrheit über die Linken, Berlin 2009

Kuby, Gabriele: Verstaatlichung der Erziehung: Auf dem Weg zum neuen Gendermenschen, Kißlegg 2007

– Only You, Kißlegg 2009

Laun, Andreas et al: Glaube und Leben, Neue Wege in der Weitergabe des Glaubens Arbeitsbuch für Schuler und Jugendliche. BD.1/2, 2002

Lautmann, R., Walker, M.: Die Lust am Kind, Portrait des Pädophilen, Hamburg 1994

Lewis, C.S.: Dienstanweisungen für einen Unterteufel, Freiburg 2002

Liminski, Jürgen: Abenteuer Familie, 2.Aufl Augsburg 2004

Lohmann, Martin: Etikettenschwindel Familienpolitik, Gütersloh 2008

Marcuse, Herbert: Repressive Toleranz, Frankfurt 1966

Meves, Christa: – Mut zum Erziehen. Die Hintergründe der sexuellen Revolte, Hamburg1970

– Manipulierte Maßlosigkeit, Freiburg 1971

– 24. Aufl. Freiburg 1983

– 42. veränderte Aufl. Stein 2000

– Wunschtraum und Wirklichkeit, Freiburg 1973

– 14. aktualisierte Aufl. Stein 1997

– Wer Wind sät. Stein 1998

– Verführt. Manipuliert. Pervertiert., Gräfelfing 2004

– Erziehung zur Liebe. Altersgerechte Sexualerziehung, Stein 2006

– Geheimnis Gehirn, Gräfelfing 2008

Meves, Christa / Schirrmacher, Thomas: Ausverkaufte Würde? Der **Pornoboom und seine psychischen Folgen, Holzgerlingen 1995**

Meves, Christa, Schmidt, Jutta: Anima, Kassel 1978

Motschmann, Jens: Rotbuch Kirche, Stuttgart 1976

NICHD: „Child Development", 2007

Reich, Wilhelm: Die sexuelle Revolution, Frankfurt7 1971

Sadoun, Katja, Schmidt, Valeria, Schultz, Eberhard (Hrsg.): Berliner Kinderläden, antiautoritäre Erziehung und sozialistischer Kampf, Köln 1970

Schellenbaum, Peter: Das Nein in der Liebe, Stuttgart 1986

Schwarzer, Alice: Der „kleine Unterschied" und seine großen Folgen, Frankfurt 1977

Schoeck, Helmut: Vorsicht Schreibtischtäter Stuttgart 1972

– Schülermanipulation, Freiburg 1976

Sewig, Niels J., Kulke, Christine: Sexualerziehung ohne Sexualität? **In: Beck, Johannes/ /Schmidt Lothar,Hrg:** Schulreform oder der sogenannte Fortschritt, Frankfurt 1970, S. 159-162

Sigusch, V., Schmidt, G.: Jugendsexualität. In: Sigusch, V. (Hrsg.): Ergebnisse zur Sexualmedizin, Köln 1971 S. 113-133

Späth, Andreas/Aden Menno: Die missbrauchte Republik, Aufklärung über die Aufklärer, London/ Hamburg 2010

Spieker, Manfred: Der verleugnete Rechtsstaat. Anmerkungen zur Kultur des Todes in Europa, Paderborn 2005

Steeb, Hartmut: Gottes verborgene Helden: 52 Andachten. Wuppertal 2010

Süssmuth, Roland: Empfängnisverhütung. Fakten, Hintergründe, Zusammenhänge, Stein 2000

Thürkauf, Max: Unruhig ist unser Herz, Stein am Rhein 1980